「女性向け風俗」の現場

彼女たちは何を求めているのか?

柾木 寛

光文社新書

はじめに

皆さんは、女性向けの風俗が存在することを知っていましたか？

女性向け風俗を利用するのは、どんな女性だと思いますか？

夫に遺書を残してまで女性向け風俗を利用する方がいるとしたら、どう感じますか。

女性向け風俗には、男性向け風俗とは異なる様々な顔があります。

風俗とは無縁だったはずの女性が、藁《わら》をも掴む思いでその扉を叩いている現実もあります。

私の職業は女性向け風俗の40代セラピスト、源氏名は柾木《まさき》と言います。

私の表の顔は、いわゆる普通の会社員です。とあることがきっかけでこの仕事をするようになり、昼間は会社の営業の仕事をし、夜は歌舞伎町をはじめとするラブホ街が仕事場になります。

この仕事を始めて6年が経ちます。自分で女性向け風俗店を立ち上げ、2人のセラピスト（20代・50代）を抱えていた時もあります。

お客さんが私に払うお金は、3時間で3万円（着替え等の時間を入れると正味4時間）。その他、ラブホテル代が6000円前後かかります。地方へ出張サービスに行く場合は別途交通費が発生します。

私とお客さんとの接点は性だけです。性だけの繋がりなので、女性たちは私に様々な本音を話してくれます。

「彼とのセックス、本当は気持ちよくないのだけど、感じている演技をしているんです」

「痛いのを我慢しています」

「もう、パートナーに私の性を満たしてもらうことは諦めました」

「一度でいいので、本気で感じてみたいんです」

私がこの仕事をするようになり、痛感していることがあります。それは、性的に満たされていない女性があまりにも多いということです。これほどまでに多いのに、多くの男性たちは気がついていないのです。そのことが男女の性に、大きなすれ違いを生んでいます。

本書を手に取られた人の中には「女性がお金を払って、男性に身体を触ってもらうなんて……」と、嫌悪感を抱く人もいるでしょう。しかしそこには、女性が独り悩んだ末、リスクを冒してまで女性向け風俗に来なければいけなかった理由があるのです。

たくさんの女性たちが同じような性の悩みを抱え、風俗を利用しています。その悩みの原因には、男性側の問題も多くあります。しかし、女性たちはその悩みを、自分の身体に問題があるためだと思い込んでいます。その結果、性行為で感じている演技をせざるを得ない女性が多く存在しています。

また、膣の痛みを耐え忍んでいる女性も多いです。性行為は本来、男女の絆を深めるものであるはずです。にもかかわらず、女性の中には性行為によって男性との深い溝を感じている人もいます。

日本では古来、各村落の中で若者組と娘組の間での夜這いを通して、若者が性の知識・技術を身に着けてきた歴史的背景がありましたが、明治以降そうした風習が廃止され、国策として純潔教育が実施されるようになっていきます。そして現在、国家主導の純潔教育が実体験を伴わないものになっていく中、他人の性行為を見ることのできる機会はアダルトビデオ（ＡＶ）しかないという社会環境になっていきました。男性たちはＡＶを通して、女性の身体の間違った扱い方を知らず知らずのうちに学んでいます。

ＡＶ男優の中には、「ＡＶはファンタジーの世界なので真似しないで下さい」「ＡＶは男性が興奮するために作られたものであり、女性の気持ちは考えられていません」と警鐘《けいしょう》を鳴らしている人もいます。男性側の視点で作られたＡＶの影響によって、男女の性のすれ違いが引き起こされています。このすれ違いは、もはや個人レベルの問題ではありません。女性の性の問題は、社会レベルで向き合わないといけない問題だと私は考えています。

詳しくは第1章で触れますが、女性向け風俗はいつから、どの程度利用されてきたのでしょうか？　そもそも、存在自体を知らなかった方も多いと思います。

今まで女性の性欲は秘められてきましたが、近年「女性の性の革命」が起きました。携帯端末の普及です。２００８年にｉＰｈｏｎｅが発売され、追って２０１０年にＮＴＴドコモ社よりスマートフォンが発売されました。それまでパソコンでしかネット閲覧ができなかったものが、携帯で閲覧できるように変わりました。携帯端末のおかげで、女性たちは誰にも知られずに性の情報を閲覧できるようになり、女性の性に対する本音の蓋《ふた》が開き始めました。その一つの表れが、女性向け風俗の普及であると私は考えます。

なお本文中に登場する事例は、女性向け風俗の現場で私が出会ってきた多くの女性の言葉と本音を集めて、プライバシー保護に配慮したうえで、様々な女性の物語として描いております。また、私は一介のセラピストです。自身の知見やお客さんの声を正直に綴《つづ》っていますが、医療的・科学的な正確性を証明するものではありません（第7章で詳述しますが、性に関する科学はまだ解明されていない部分が多いです）。読者の皆さんの健康に関する事柄は、まずは医療機関や専門家にお問い合わせ下されば幸いです。

女性の性を扱う者として、本書を通して、男女のすれ違いの修正に微力ながら寄与できたら幸いです。

「女性向け風俗」の現場

目次

第1章

演技に疲れた女性たち

彼女がイク演技をするようになるまで

メールが届いたのは、２週間前の深夜2時でした。

由紀子さん（40歳）は恋愛結婚で結ばれた夫と、15年が経った今でも、幸せな毎日を送っていました。そのような彼女がなぜ風俗を利用することになったのか、メールを受け取った私は疑問に感じていました。彼女に夫との関係を詳しく聞いてみると、次のような返事が届きました。

「（夫とのセックスに不満があり）セックスだけは合わないんです。今更、気持ちよくないなんて、口が裂けても言えないです。一度でいいので、本当に感じてみたい」

由紀子さんが感じている演技をしているとは夢にも思っていない夫には、寝耳に水の話でしょう。女性たちは様々な動機で女性向け風俗を利用しますが、実は、由紀子さんのような話はよく耳にします。

女性向け風俗を利用する女性の多くが現在の性生活に、悩みを抱えています。何人ものセフレを作ったけれど、誰一人として満足させてくれる男性はいなかった、と嘆《なげ》く女性もいます。また、「性行為とは男性の自己満足だと思います」と言い切る女性も少なくありません。

なぜ、由紀子さんは演技をしてしまうのか、お会いした際に聞いてみました。

「初めての性行為の時に、『気持ちいい？』と聞かれて『気持ちいいよ』と返事をしたのが始まりなんです」

一度気持ちいいと言ってしまった由紀子さんは、辻褄《つじつま》を合わせるために感じている演技をするようになっていきました。そして、彼女の演技は回を追うごとにエスカレートしていき、今では「イッた（性的絶頂に達した）」演技をするまでになっていました。

「夫との性行為中は、声を出すタイミングやイクタイミングを常に考えています」と、少し寂しそうに語る由紀子さん。

「それは大変だ。でもなぜ、気持ちよくないと夫に言えなかったのですか？」

私が聞くと、由紀子さんは「彼が一生懸命してくれているのに、気持ちよくないなんて言えませんよ」と困惑した表情で答えました。

女性向けセクシャルヘルスケアメーカー「ＬＣラブコスメ」が運営する「ラブリサーチ」によると、日本人女性の８割以上が演技をしたことがあるというデータがあります。行為中の演技について他のお客さんにも聞いてみると、「イッたことないのに、イッた演技をするのが辛いです」と切実に語る女性や、「演技をしていることがバレていないか心配です」と、演技をしていることに背徳感を抱いている女性もいました。

一方、多くの男性たちは、自分のパートナーが演技をしていることに気が付いていません。また、少数ですが、「自分が演技をしていることについて、男性も分かっているはずだと思っていました」と、驚く女性もいました。

スマホの普及が女性の性の世界を変えた

由紀子さんは、スマホでネットサーフィンをしている際に偶然、女性向け風俗を発見しました。

風俗を利用する女性が増えた背景には、スマホの普及が大きく関係しています。女性が家族にバレずにインターネットを使えるようになったことで、女性が性の情報にアクセスしやすい環境になりました。由紀子さんも「家のパソコンでは、女性向け風俗を検索しようとも思いませんでした」と話しています。

女性向け風俗は最近誕生した業種と思われていますが、実のところ昭和の時代から存在しています。しかしごく一部を除き、どの店舗も集客に苦労した結果、短命に終わっています。時代が早すぎたようです。

２００５年頃の女性向け風俗の店舗数は、都内に数軒程度でした。それが２０１０年頃から増え始め、現在は女性向け風俗情報サイトを見ただけでも１００店舗以上の風営法届け出済店が存在しています。無届けの店舗数まで含めると、恐らく２００店舗以上になります（無届け店はTwitterのみで運営していたりホームページが存在していない店舗も多く、正確な店舗数の把握は難しいです）。

携帯端末の普及は、女性が性の情報にアクセスすることを容易にしただけではありません。今まで秘められていた女性の性に対する本音が、ソーシャルネットワーキングサービス（ＳＮＳ）の匿名性に後押しされ、発信されるようにもなりました。

そして、女性たちはＳＮＳを通して自分と他人の性の共通点や違いを知るようになります。他人の性を知ることで、心が楽になる女性もいます。一方、他人と自分を比べてしまい、性的に満たされていない思いをさらに強めてしまう女性もいます。

ネットサーフィン中に偶然、女性向け風俗を見つけた由紀子さん。最初は興味本位での閲覧であり、まさか自分が風俗に依頼するとは思いもしなかったそうです。「女性向け風俗を利用すること=他人事《ひとごと》」と考えていた彼女が、風俗を利用することを我が事として意識するようになったのは、体験者のブログにあった「初めて演技をしないで楽しめた」という感想でした。この言葉が、彼女の心を大きく動かしました。

しかし、いざ申し込みをしようとすると、次々と彼女に不安が襲ってきます。不安と期待の葛藤を繰り返す中で、申し込みメールを送信するまで、3カ月かかったそうです。

遺書を書き残して申し込む

初めて風俗を利用する女性には、必ず不安と期待の葛藤があります。それは、彼女たちから届く申し込みメールの送信時間にも表れています。

初めて風俗を利用する女性のメールの送信時間を見ると、午前1～3時台が多いのです。

私は最初、なぜこんなに遅い時間に申し込むのだろうと不思議でたまりませんでした。そこで由紀子さんに、なぜ真夜中の2時に申し込みの送信をしたのか聞いてみると、「22時には申し込みメールを書いたのですが、送信ボタンが押せないまま2時になり慌てて送信しました」と、胸の内を教えてくれました。送信ボタンを押すという最後の勇気が出ない中、時間に後押しされてボタンを押すことができたという女性も多いです。

このように、女性は初めて風俗を利用する時、強い不安を抱いています。どのような不安を抱いて申し込んでいるのか、お客さんに聞いてみました。

○　盗撮されて、脅されるのではないか
○　事件に巻き込まれたりしないか
○　監禁されたらどうしよう
○　性病に感染することはないか
○　夫にバレたりしないか
○　後から複数の男性がやってきて、乱暴されたらどうしよう
○　薬を飲まされ乱暴されるのではないか
○　東京湾に沈められたらどうしよう（冗談に聞こえるかもしれませんが、当人は真剣です）

様々な不安の声が挙がりましたが、総じて女性にとって風俗を利用することは、人生をも

変えてしまうほどのリスクだととらえていると言えます。この不安と期待の葛藤を乗り越え、女性は申し込みをします。中には、事件に巻き込まれて殺されてしまった時のために、遺書を引き出しの中に仕舞ってきた女性や、監禁された時のために、夜勤明けの夫に対して、自分が風俗を利用して○○ホテルに行ったことを伝える手紙を置いてきたという女性もいます（最近は雑誌やＳＮＳ等で女性向け風俗が取り上げられるようになり、以前よりいくぶんか敷居が下がった感はあります）。

なぜ彼女たちは、死をも覚悟してまで女性向け風俗を利用するのでしょうか？　そして、女性たちは死との対価に何を求めているのでしょうか？　私はその答えを探し求めてきました。

この仕事を始めて6年が経ち、色濃く見えてきたものがあります。それは、女性が抱えている、パートナーに対しての諦めと女としての喪失感です。これらはいずれも、女性のアイデンティティに関わる問題です。

私はお客さんから、しばしばこのような言葉を聞きます。

「セックスが上手な男性の見分け方を知りたいです」

「夫に、性的に満たしてもらうことは無理だと思います」

「性に関してはプロにお願いすることにしました」

女性が風俗を利用する理由は一人一人異なります。さらに、その理由は昨日今日生まれたものではありません。諦めや喪失感を何十年と抱えている人も多いのです。

多くの女性にとっての性は、男性の性とは明らかに異なります。男性は視覚と触覚で興奮し、女性は心と身体で感じます。男性は女性の身体に性的興奮を感じ、射精をして一連の流れが終わる一方、女性は身体のふれあいだけではなく、愛という心の要素も重要になってきます。

男性には射精という明確なゴールがありますが、女性をオーガズムに導くには様々な要素が必要で、ＡＶを教科書にしている一般男性には容易ではありません。そのため、性行為の女性側のゴールをどこに設定するのかが難しい問題になります。加えて、多くの女性は理性が強く、感じるスイッチが入らないと、性的快感を抱くことが難しくなります。また、加齢とともに自分の身体に変化が出てくることで、女としての自分に自信を失っている方も非常に多いです。

「気持ちよくない」と言えなくなる

男性から「気持ちいい？」と聞かれると、多くの女性が「気持ちいい」と答えています。たとえ、本当は気持ちよくなくても、です。そこから生まれたすれ違いは、どんどん大きくなっていきます。多くの男性は、歴代の彼女たちから「気持ちいい」と言われているので、今の自分のやり方が女性にとって気持ちいいはずだと思っています。

それでも、男性に対して「気持ちよくない」と言える女性が２タイプ存在します。一つは、これまでの経験からはっきりと言えるタイプ。もう一つは、経験が少ないため、自分の感想を素直に伝えているタイプです。

しかし、最初は素直に「気持ちよくない」と伝えていた女性も、次第に「気持ちいい」と伝えるようになる人が多いです。なぜそうなったのか彼女たちに聞いてみると、その背景には「普通は感じるのにね」と返してくる男性の存在がありました。そう言われた女性は自信をなくして、口をつぐむようになってしまいます。多くの男性は、女性が演技をしている姿を「本当に感じている」と思っています。そのため、女性の本当の気持ちが理解できていないのです。

演技をする理由をお客さんに聞いてみたところ、次のような回答がありました。女性は一度演技をしてしまうと、それ以降も演じ続けねばならない状況に陥ってしまいがちです。

○　男性につまらない女だと思われたくないから

感じている演技の裏側には、感じない女やつまらない女だと思われたくない、という気持ちが存在しています。また、ＡＶのような反応をしないと男性が満足しないと思っている女性もいます。

○　男性が一生懸命にしてくれているから・男性のプライドを傷つけたくないから

優しさから、彼を傷つけないように演技をして応えている女性も多いです。

○　場を盛り上げるため

女性が自分自身の気持ちを高めるために演技をする場合もあります。

○　早く終わりにしてもらいたいから

「男性の的外れな性行為が辛い」という女性や「痛いので早く終わらせて欲しい」という女性もいます。

また、その他に女性が演技をしてしまう大きな理由として、純潔教育の影響を受けた脆《ぜい》弱《じゃく》な性教育による、男性の知識不足も関係しています。２００５年３月４日の参院予算委員会にて小泉純一郎元総理大臣が「性教育は我々の年代では教えてもらったことはないが、知らないうちに自然に一通りのことは覚える」との発言をしました。日本人男性が「自然に」覚えた結果が、ＡＶを手本にした男性本位の性行為です。

学校教育においては、難解な因数分解を教えるよりも、男女の身体のことを教える方が重要なのではないでしょうか。大げさに聞こえるかもしれませんが、それくらい大切なことだと感じます。その脆弱な性教育のしわ寄せが、全て女性個人にのしかかっているのです。

具体例として男性器が大きい男性ほど、性行為が雑で下手と多くの女性が話します。反対に小さい男性は、大きい人よりも上手い人が多いようです。大きい男性は、大きければ女性は喜ぶというＡＶが作り上げた虚像を真に受けていると思われます。

以前私は、ある男性から「俺は勃起《ぼっき》するとタオルが何枚もかかる」と自慢され、目が点になったことがありました。男性器の大きさについて当の女性たちに聞いてみると、「普通サイズがいい」「むしろ少し小さいくらいがちょうどいい」との意見が多かったです。

他にも、性交痛のある女性は、小さい男性器を好む人が多いです。大きい男性こそしっかりと前戯を行い、女性の受け入れ態勢を整えなければなりません。

大きい男性器は、男性同士ならば鹿の角のように威嚇の武器になるのかもしれません。しかし、性行為において、女性の満足度と男性器の大きさは比例しないことを知らない男性は多いです。また、自分の性行為のスキル不足を感じながらも、どうスキルを上げたらよいのか分からない男性も一定数います。

性教育の問題は、内容だけではありません。日本の性教育は１９９２年まで基本的には男女別々で行われてきました。その結果、男女間での性のコミュニケーションが上手くとれなくなっています。性に関するコミュニケーション不足が、男女の性のすれ違いの大きな要因にもなっています。

しがらみからの解放

由紀子さんの風俗利用の希望日は、夫が大阪出張に行く平日の10時でした。夫が遠方にいるという安心感から、この日を選ばれたそうです。彼女のような夫が出張に行く日に合わせての依頼や、子供が林間学校等でいない日の依頼もよくあります。平日の10時から15時の時間帯は、専業主婦の方からの依頼が中心になります。専業主婦の女性にとって子供が学校に行っている間が、気兼ねなく時間が使える時なのです。

また、地方の女性が東京に来た際に利用するケースもよくあります。彼女たちに「地元の女性向け風俗店は利用しないのですか?」と、聞いてみたところ、「ラブホに出入りしている姿を誰かに目撃されたら、と思うと地元での依頼は考えられないです」との答えが多くの方から返ってきます。同様に、海外在住の女性から「日本へ一時帰国するので、そのタイミングでお願いします」と依頼が来ることもあります。

ゴールデンウィークの時期は、地方在住の独身女性の利用が多くなります。初日はディズニーランド、2日目は風俗という組み合わせや、ライブで東京に来たついでに利用する、という組み合わせもあります。彼女たちにとっては、風俗がディズニーランドやライブに匹敵するエンターテイメントになっています。このように、純粋に刺激や快楽を求めて利用される女性も多いです。

平日の夜は、仕事の出張で東京に来ている女性の利用もよくあります。黒塗りの車がたくさん停まっているホテルに呼ばれると場違い感が強く、映画『プリティ・ウーマン』か？と思うこともしばしばです。

現在、１００店舗以上ある女性向け風俗店の６割以上が東京近郊に集中しています。東京は人口が多く周りの目に神経質にならずに済むため、女性が風俗を利用しやすい環境となっています。

新宿駅で待ち合わせ

由紀子さんとの待ち合わせは、ＪＲ新宿駅の東南口改札前です。ここは他の改札口よりも人が少ないので待ち合わせがしやすく、新宿駅に慣れていない人でもたどり着ける場所です。お客さんとの待ち合わせ場所の設定は悩みます。土地勘がない人でも迷わずに行ける場所ということで、待ち合わせを改札前にすることが多いです。しかし、ホテルから遠くなってしまう問題もあります。「15分も私を歩かせるの!?」とお客さんに怒られたこともあるので、悩ましいです。

　私が待ち合わせ場所に行くと、白いワンピースに日傘をさして立っている女性がいました。予《あらかじ》め聞いていた服装から、それが由紀子さんだと分かりました。メールでは何度もやり取りをしているけれど、会うのは初めての二人。私は驚かせないように、恐る恐る声をかけてみました。

「由紀子さんですか？」

「はい」

　彼女のこわばった表情が笑顔にほぐれたのが分かり、それを見て私は心の中で安堵しました。

　肌と肌がふれあうデリケートな仕事の女性向け風俗では、お客さんとセラピストの相性が重要になってきます。待ち合わせの際のお客さんの表情が一瞬笑顔になれば、第一印象は良かったという判断ができます。この際の一瞬の表情がどうなるかで、その後のサービスやコミュニケーションのやりやすさが変わってきます。

ある女性が、他のお店を利用した時に、「生理的に無理」だと感じる男性が来たそうです。しかし、彼女は断ることができず、嫌々お願いしたと話していました。その話を聞いた私は、お客さんが私に会ってから最終決定をしてもらうキャンセル制度を設けました。具体的には、ホテルに行く前に喫茶店でお話をしてから、私の提供する風俗を利用する・しないを決めてもらう流れになります。

反対に、私から受付をお断りすることも稀《まれ》にあります。男性向け風俗とは異なり、利用客の中に清潔感に欠ける女性はおりませんが、一度お会いして以降、頻繁に長文のメールが来る方には次回の申し込みを数カ月後にさせていただくこともあります。

女性向け風俗の難しいところは、女性は心と身体で性を感じる点にあります。特に、恋愛経験が少ない女性が風俗を利用すると、心が持っていかれてしまうケースも多々あります。そうした部分を意図的に利用してリピートに繋げているお店もありますが、私は周りが見えなくなりそうなお客さんは、会う間隔を空けています。

私が由紀子さんに、「本日はよろしくお願いいたします。これからどうしますか？　まずは喫茶店でお話しします？」と質問したところ、由紀子さんの顔がキリッと変わったのが分かりました。

「いえ、このままホテルに行ってもらって構いません。覚悟を決めてきましたから」

由紀子さんもそうですが、実際に喫茶店に行って話をするケースは少なく、「歩きながら話をしましょう」と答える人がほとんどです。

お客さんたちに、「待ち合わせの時どんな気持ちでしたか？」と聞いてみると、「どんな人が来るのか、ドキドキしました」「不安と期待で心臓が飛び出そうになりました」「足がすくみそうでした」「逃げ出したくなりました」など、不安な気持ちでいっぱいであることが分かります。

逆に、「柾木さんは緊張しないのですか？」と聞かれることもあります。

私も最初は緊張しました。今は緊張しないのですが、「本当に約束通りに来てくれるだろうか？」という不安はあります。稀に、待ち合わせ時間になっても現れず、連絡も取れない女性がいます。そのため、お客さんが待ち合わせ場所に時間通りに来ていると、それだけで嬉しいです。

ホテルへ向かう途中の会話

合流した由紀子さんと、ホテルまでの15分の道のりを雑談しながら歩いていきます。お客さんに言わせると、この歩きながらの会話がセラピストの人となりを知る重要なポイントになるそうです。

「会話次第では、ホテルに着く前にキャンセルしようと思っていました」と、お客さんが胸の内を話してくれたこともありました。

しばらく歩いた後、エントランスに椰子《やし》の木やカエルの石像が置いてある、南国感溢れるバリ風のホテルに到着しました。ここは、ラブホにありがちないやらしさが微塵《みじん》もなく、お客さんに好評なホテルです。一方、人気店のため満室になっている時も多く、利用するには事前に空き状況を確認しておく必要があります。

このホテルに限らず、空き状況の確認を含めたラブホ選びは大事な事前作業になります。事前確認をしていない新人セラピストが、お客さんを連れて満室のホテル街をさまよった、という話も耳にします。プロとして、不安で動揺しているお客さんを連れてホテル街をさまようことだけは避けたいです。

フロントで鍵を受け取り、３階へと向かう私と由紀子さん。エレベーターの密室の中、張り詰めた空気から彼女の緊張が伝わってきます。私は鍵の番号を確認し、３０５号室のドアを開けます。８畳程度の部屋には２人がけのソファー、籐製のテーブル、天蓋のついたベッドがあり、リゾート感を演出しています。その部屋を見た由紀子さんは、エレベーターの中にいた時とは別人のように目をキラキラさせていました。

事前アンケート

「そちらのソファーに座って下さい」

そう伝えながら、私は由紀子さんと向かい合ってソファーに座ります。

「改めまして、征木です」

彼女の背筋が伸び、再び緊張が走ったのが伝わってきました。

「由紀子です」

「改まると、また緊張するよね。普段の生活でこんなにも緊張することないですよね」

私は、彼女の気持ちに寄り添いながら心中を察していました。

「はい緊張します。でも、待ち合わせの時が一番緊張しました」

「確かに、由紀子さん怖い顔していたもんね」

硬かった彼女の顔に、笑みがこぼれました。

この仕事は女性との距離感が大事になってくるのですが、相手を見て近すぎず離れすぎずを意識しています。怒っているのかと思うくらい口がへの字の女性もしばしばおりますが、施術の後は笑顔になっている人がほとんどです。終始、怒っているのかと思っていたお客さんからリピート依頼が入ることもあります。私は不思議に思い、お会いしたときに彼女に聞いてみると、緊張で怒っているように見えただけでした。

「これから、流れを説明しますね」

事前アンケートを見つめる由紀子さんの顔は真剣そのものでした。

現在、事前アンケートは多くの店舗で導入されています。しかし私が使い始めた２０１６年頃は、ごく一部の店舗でしか導入されていませんでした。セラピストの服装一つとっても、お客さんの要望は異なります。施術中に私が上半身裸になると「服を着て下さい」と言う人もいれば、「私が裸なんだから、あなたも脱ぐのが当然でしょ」と言う人もいます。この仕事を始めた頃は、こうした要求が一人一人異なるので、非常に戸惑いました。女性が望んでいるものをアンケートで前もって把握しておくことは、満足度を上げるために重要です。

事前アンケート導入前は、施術中、私は口頭で細かくお客さんの気持ちを確認していたのですが、あるとき、人づてに「怖かった」とクレームが入ったことがありました。彼女は会ったばかりの男性と密室にいることで恐怖心が出てしまい、私に密着されるのが嫌とは伝えられず、ずっと我慢していたそうです。その苦い経験が、導入のきっかけになりました。

事前アンケートを導入してからは、一人一人の女性の注意すべきポイントが把握できるようになり、お客さんの満足度も上がりました。今では、これなしで女性の身体を触ることは怖くてできません。たとえて言うならば、下調べなしで外国に行くことと同じ感覚です。事前アンケートは、その女性の心と身体を表す、大切な地図になります。

数多くのアンケートへの答えに目を通してきた中で、見えてきたことがあります。お客さんの一部にはハグだけで満足する人や、Hな内容のおしゃべりだけで満足する人もいます。全員が全員、裸の関係を望んで利用しているわけではありませんでした。100人中3人くらいは、女性器に触れないで終了するケースがあるのです。セラピストがそのことに気づかず、いつものペースで進めてしまうと、恐怖心が出てしまい相手の女性に嫌な思いをさせてしまいます。

お客さんから他店舗の感想に関して、よく聞く言葉があります。それは先にも出た「嫌と言えなかった」という旨の言葉です。多くの女性は、密室で男性を怒らせてしまうことへの恐怖を抱いています。サービス内容が不透明な女性向け風俗だからこそ、お互いのために事前の文字での要望確認は大切になります。

3時間の施術でも短い理由

今回、由紀子さんが利用されるコースは、当サロン標準の施術時間3時間のコースです（チェックインからアウトまで4時間）。

お客さんからは、「3時間は長くないですか？」とよく聞かれます。なぜ3時間も必要なのかというと、どなたも初回は非常に緊張しているためです。感じるスイッチを入れるうえで、緊張は大敵です。女性の緊張を取るためだけに2時間近く費やすこともザラにあります。

さらに、私の施術が「中イキ体験」を最終目標に置いているので、時間がかかります。詳しくは後に譲りますが、中イキとは膣の内側でのオーガズムになります。多くの女性が自慰行為で体感しているクリトリスのオーガズム（外イキ）とは異なる、深いオーガズムになります。中イキを誘発するには、「女性側の膣の成熟度」と「心の解放」と「男性側のスキル」

の3つの要素が必要になるため、一部の女性しか体験できていないオーガズムです。

日常における3時間は短くありませんが、気持ちいい時間はあっという間に過ぎるものです。施術後に多くの方が「もう3時間経ってしまった」と感想を述べられます。緊張もあり、女性の感じるスイッチが入るまでには、一定の時間を要します。短時間の女性向け風俗店もありますが、60分で女性を性的に満たすことは、難易度が高いです。

男性向け風俗の場合は、射精という明確なゴールがあります。しかし、女性向け風俗が難しいのは何を目標・ゴールにするかが一人一人異なるところです。クリトリスオーガズムは女性の中でも多くの方が経験を持っていますが、それですら男性が導くには時間と相応のテクニックが必要になります。

また、女性のオーガズムには心の要素も関係しており、男性のように簡単にはいきません。限られた時間で、その女性の満足度を得るためにはどう接すればいいのかを瞬時に判断しなければならないところが、女性向け風俗の難しいところです。

男性向け風俗で、女性が上半身裸になる「おっパブ」という業種があります。女性の胸を触るだけの風俗です。お客さんは女性の胸を触って興奮しても、射精は禁止行為です。そのため興奮に終わりがなく中途半端感が残り、お客さんはついつい延長してしまいます。それと同じ心理で、女性向け風俗を短期間にリピート利用している女性もいます。あるお客さんが、「しっかりと満足できると、数週間その余韻《よいん》を楽しめるんです」と話していました。

由紀子さんの要望

「事前アンケート、書き終わりました」

そう言うと、首を回して肩を上下させる由紀子さん。彼女からの要望は、次のような内容でした。

①　演技をしないで感じてみたい
②　私のあそこのしまりがどうなのかを教えてもらいたい
③　乳首を強く摘まんで欲しい
④　可能であれば中イキも体験してみたい
⑤　男性が喜ぶ男性器の触り方を教えてもらいたい
⑥　夫で感じられるように感度を上げてもらいたい

①の「演技をしないで感じてみたい」は、多くの女性からリクエストされます。女性は感じるスイッチが入っていないと、理性が頭の中を支配しています。女性はスイッチの入る要素が一人一人異なります。初めて触れた女性に、なるべく短時間でスイッチを入れるのがセラピストの腕の見せ所になります。

由紀子さんに、③の乳首のことを詳しく聞いてみました。母乳をあげていた頃に、子供に乳首を強く噛まれてから強い刺激を好むようになったそうです。しかし、願望はあるものの「夫には恥ずかしくて言えません」と困惑されていました。由紀子さんのように、パートナーには言えない性的願望を持っている女性もいます。ソフトＳＭを体験してみたいという女性も少なくありません。

⑤の「男性が喜ぶ男性器の触り方を教えてもらいたい」や⑥の「夫で感じられるように感度を上げてもらいたい」との相談もよくあります。これは、男性側の勉強不足によるスキルの欠如を、女性側が自分の感度を上げることで補いたいという依頼です。男性側の問題を女性が背負い、自分を変えることで解決しようとしている現実があります。大好きな夫・彼氏と楽しく性行為がしたいとの目的で私の元を訪れる女性たちを見ていると、男性の性知識の

問題を突きつけられている感じがします。

枕元に置いておく小物

「枕元に置いておく小物について説明しますね」

そう言うと、私は鞄から置き時計・ローション・ＢＧＭ用スピーカーを取りだして、それぞれの小物の使用用途を一つ一つ解説していきます。

風俗を利用する女性が、特に心配しているのは盗撮です。以前、枕元に置いていたタイマーが盗撮用の器具だと疑われたことがありました。私はその経験以降、枕元に置くものは予め説明をするようにしています。とりわけ警戒心の強い女性からは、「荷物を入り口に全て置いて下さい」とお願いされることもあります。

枕元に置いておく小物の説明が終わった私は由紀子さんに、「この後、お風呂に入って温まったら、ホテルのバスローブに着替えてください。由紀子さんが出られたら、私もシャワーを浴びますね」と伝えて、部屋の準備に取り掛かります。

すると、両手に荷物を抱えたまま立ち止まっていた彼女から「ショーツはどうしたらいいですか？」との質問がありました。私は手を止めて「替えのショーツを持っていましたら、ブラは外してショーツのみを身に着けてバスローブで帰ってきてください」と、洗面所の前で立ち止まっている彼女に伝えました。

私はお客さんに替えのショーツを持ってきてもらうようにしていますが、それには理由があります。最初は下着を身に着けたまま施術を始めていたのですが、その後ショーツを脱がせると、びしょ濡れになっている女性が少なくなかったからです。濡れたショーツを再度はいてお帰りいただくことが不びんでなりませんでした。中にはショーツをはかずに帰る女性もいて、心が痛みました。そのため、替えのショーツの用意があると、私も安心して性感施術ができます。

由紀子さんがバスルームにいる間に、急いで枕元やアロマのセッティングを行います。男性向け風俗では風俗嬢と一緒にシャワーを浴びるのが通常の流れになっており、女性向け風俗でも、セラピストと一緒にお風呂に入る店舗もあります。しかし、先ほど会ったばかりの男性といきなりお風呂に入ることに抵抗を感じる女性は多いと思うので、私は一緒には入りません。

導入マッサージ

先にもお話ししたように女性に感じてもらうには、緊張を取ることが大事になってきます。そのため、私は導入マッサージとしてもみほぐしを行っています。この導入マッサージは緊張をほぐす目的のほかに、私の手と女性の肌を馴染ませる目的もあります。私の手と女性の肌が馴染むと、女性の感じるスイッチが入りやすくなります。

うつ伏せになった由紀子さんの腰回りをマッサージしていく私。

「すごく、こってるね」

「そうなんです、特に生理の時は腰痛に悩まされています」

「でしたら、腰回りを重点的にほぐしていきますね」

この段階では世間話をしながら、リラックスしてもらうことが目的になります。

私は、枕元からアロマオイルを取り、次のマッサージへと移ります。

「だいぶほぐれてきたので、ここからはオイルマッサージをしていきますね」

現在、多くの男性セラピストがオイルマッサージを行っています。以前は、オイルマッサージができる男性セラピストは希少な存在でした。しかしここ数年で、オイルマッサージを行う男性セラピストが一気に増えました。整体と違い素人でも施術ができるオイルマッサージは、新人セラピストに人気のようです。ただ、上手か下手かは個人差が出てきます。

非風俗のオイルマッサージのお店に行かれたお客さんが、このような感想を述べていました。

「男性にオイルマッサージをしてもらっているだけで、スイッチが入ってしまいました。今度は、男性にしっかりと触ってもらいたくて、風俗に来ました」

男性に優しく触られて、感じるスイッチが入ってしまう女性もいます。ただ、風営法の届け出をしていないオイルマッサージ店は、法律で性的なサービスはできません。そのため、たとえ女性からお願いされたとしても、非風俗のオイルマッサージ店のセラピストは女性器には触れられないのです。

勝手に指が引き込まれる

オイルマッサージを受けながら、うっとりとする由紀子さん。オイルマッサージは、女性の感じるスイッチを入れるための導入にもなっています。

優しくゆっくりと触り方を変えていき、由紀子さんを徐々に性感の世界へと誘《いざな》っていきます。首筋や鎖骨のあたりを触っていた手を段々と、胸の周りに移動させていきます。由紀子さんの吐息がもれ、足がモジモジしだしてきました。

お客さんの中には、胸だけでオーガズムまで昇り詰める人もいます。由紀子さんのきわどい場所を指で行ったり来たりさせながら、段々と感じるスイッチを入れていきます。この感じるスイッチが入らないと、女性の官能を刺激させることはできません。特に女性の身体は、感じる状態に至るまでに男性の何倍もの時間を要します。しかし、ほとんどの男性は、女性の感じるスイッチが入る前に挿入をしているのです。

「パートナーから挿入される時に、俯瞰で見ている自分がいるんです」と語る女性は多いです。まだ女性の感じるスイッチが入っていないため、思考が働いている状態にあります。スイッチが入っていない女性を感じさせるのは、女性の身体のプロでも難しいです。男性の準備が整っているかどうかは、勃起があるので一目瞭然《いちもくりょうぜん》です。

一方、女性の準備が整っているかどうかは、見ただけでは分かりにくいです。多くの男性が、女性器が濡れたら挿入する頃合いと思っていますが、濡れていても準備中の女性も多いです。女性によっては、スイッチが入りにくい人もいます。感じるスイッチの場所を探し出して、どのように触るのか、それが難しくもあり、セラピストとしてのやりがいでもあります。

　私の指が由紀子さんの膣口に到達する頃には、彼女の感じるスイッチは完全に入っていました。女性がしっかり感じると、膣の中がモゾモゾと動く人が多いです。由紀子さんの膣口に指を添えると、勝手に指が膣の中に引き込まれていきます。これは女性器が、男性器を射精させて精子を取り込もうとする本能的な働きです。この働きは男性器にとって、この上なく気持ちいい感覚になります。この状態を１００%とすると、一般の男性がいつも挿入している気持ちよさは50%にも満たないのではないでしょうか。多くの男性は、パートナーの本当の気持ちいい挿入感を知らないのです。それは、ただただ「もったいない」の一言に尽きます。

　由紀子さんの吐息が次第に大きくなり大絶叫へと変わる頃には、彼女は強烈な快感で思考不能になっていました。そこには、演技をする余裕もありません。

施術が終わって

施術中、何度もオーガズムに達した由紀子さん。施術後は、力尽きてそのままベッドに倒れこんでいました。しばらくして目を開けた彼女に声をかけてみました。

「どうでした？」

「すごく気持ちよかったです。気持ちよすぎて頭の中が真っ白でした。こんな経験は初めてです。私の身体って、こんなに気持ちよくなれたんですね」

そう語る彼女の身体は、綺麗なピンク色に高揚していました。

後日、由紀子さんより、お礼のメールが届きました。

「夫とセックスをしたところ、演技をしないで自然と声が出るようになっていました。私の反応が良いと、夫も嬉しいみたいです。夫が挿入しながら『楽しい、楽しい』と言ってくれるようになりました。今では、夫とのセックスが楽しみです。ありがとうございます」と、とても嬉しい報告をいただきました。

女性の身体の感度は進化します。そして、感度が上がると簡単に感じられるようにもなる人が多いです。その結果反応も良くなり、愛撫をしている男性のやりがい・楽しさにも繋がります。

「施術後、身体の感度が上がってセックスが盛り上がり、彼との関係が深まりました」とのお言葉をしばしばいただきます。

第2章

独身女性の胸の内

最も多いお客さんは「43歳」

私のお客さんで一番多い年齢層は、40代になります。さらに細かく見ていくと、なぜか43歳の独身女性が多いのです。30代までは結婚を意識してきた女性が、長期的にシングルの人生を考えるようになり、性の部分を風俗セラピストで補おうと考えるのではないかと推測しています。

智子さんの例をご紹介します。

智子さんは43歳。都内に勤める会社員です。彼女は半年前に女性向け風俗の存在を知り、以降色々な店舗を開拓していました。彼女に女性向け風俗を利用する理由を尋ねてみたところ、独身女性の胸の内を教えてくれました。

「毎日同じことの繰り返しで、私の人生はつまらないなと思っていました。休みの日は家から出ないことが多いので、行動範囲が家→会社→スポーツクラブの三角形の範囲だけなんです。外出したとしても、たまに美容室かネイルサロンに行くくらいです。彼氏はもう5年いません。彼氏ができそうな気配すらありません。でもときどき、人肌が恋しくなってしまうんです。女性向け風俗の存在を知った時は、新しい世界を見つけた嬉しさで時間を忘れてネットサーフィンをしていました」

そう語る智子さんの目は、キラキラ輝いていました。

「風俗は、何回くらい利用したんですか？」

ラブホのソファーで、お茶をすすりながら質問をする私。

「柾木さんで20人目です。最近はお気に入りの３人をローテーションしていました。ですが、お気に入りのセラピストが次々と辞めてしまい、新規開拓を始めていたところでした」

長年お客さんを見てきて、気がついたことがあります。それは、お客さんには特定の１人にリピート依頼する人と、複数のセラピストにリピート依頼する人の２通りがある、ということです。複数のセラピストに依頼をしている女性に話を聞いてみると、若い男性、肉体が美しい男性、テクニックのある男性、女性の扱いが上手な男性、癒し系の男性、会話が楽しい男性など、そのときの気分で相手を替えているそうです。また、「色々な男性にちやほやされたい」と本音を語ってくれた女性もいました。

１人のセラピストだけだと恋愛感情が高くなってしまうので、複数のセラピストに気持ちを分散させていると話していた人もいます。

「ほろ酔い」くらいがちょうどいい

智子さんは知的な雰囲気の女性ですが、何かが枯渇しているようにも思えました。風俗を利用する女性は、少なからず何か闇のようなものを抱えているのを感じます。初めてそれに気が付いた私の頭の中には、藤子不二雄Ⓐの『笑ゥせぇるすまん』が浮かんでいました。主人公の喪《も》黒《ぐろ》福《ふく》造《ぞう》は、その人が抱えている問題（闇）から目をそらさせ現実逃避させせます。

極端な闇の例としては、夫の浮気を知った女性が夫への腹いせに、自身の身体を滅茶苦茶にして欲しいと依頼してきたことがあります。このような依頼は過去に3人ほどありましたが、私の予約が埋まっており2週間後になりますとお伝えすると、皆さん音信不通になります。恐らく、今すぐ滅茶苦茶にしてくれるお店に行かれたのでしょう。正直な話、夫婦間のいざこざに巻き込まれそうで怖いと感じている自分もいます。他の店舗では、浴室でお客さんが手首を切っていたという話もありました。もちろんそこまで深い闇は珍しいですが、お客さんは満たされない何かを持っています。

性はお酒と同じく、現実逃避の手段、不満のはけ口にもなります。私は、満たされない何かを風俗で埋めようとすることが、悪いこととは思いません。しかし、「酒は飲んでも飲まれるな」という格言があるように、女性向け風俗も「ほろ酔い」くらいがちょうどいいのではないでしょうか？

ある女性が、「風俗にはまっている時は気が付かなかったのですが、魔法にかかっていた気がします」と話していました。女性は性行為を、心と身体で感じます。女性の思考を前に向けることも、現実逃避させることもできる存在、それが女性向け風俗なのだと思います。

相性の重要性

「前回、女性向け風俗を初めて利用した時にとても嫌な思いをしました」と話される女性も私の元に来ます。心に傷が残るくらいの嫌な思いをした人が、なぜまた女性向け風俗を利用するのか不思議でした。すると、「風俗を利用した自分をずっと責めていました。このままでは一生引きずると思い、それを払拭《ふっしょく》するためにお願いしました」と話してくれた女性もいます。

女性向け風俗は、肌と肌のふれあい、そして心の満足度が対価となります。さらに、お客さん一人一人の感じ方が異なります。同じふれあいをしていても、心地よいと感じる女性もいれば、不快感を覚える女性も存在します。女性向け風俗は、女性の心を扱う不透明な世界です。そのため、セラピストとお客さんとの相性が重要になります。

私の施術を受けた女性の感想を聞くと、感じ方に天地ほどの差がありました。「柾木さんの施術って、ヨガ教室みたいで背徳感を覚えにくくていいです」という感想がある一方、「柾木さんの施術って、エロいスイッチが入りにくいです」との感想もあります。私の場合は、施術を受けた半分の人がリピート依頼をしてくれます。裏を返せば、半分の人はリピートしたくないと思っているのかもしれません。ホームページやブログで、セラピストが自分の個性・特徴を表現して波長が合わないお客さんを選別していくことも、お互いにとって大事なことと感じます。

女性の「いや」で失敗した経験

女性が感じている最中に言う「いや」という言葉はくせ者です。

ある外国人男性が、困惑した表情で語っていました。「セックスの最中に女性が『ＮＯ』

と言ったのに止めなければ、私の国では強姦罪に問われます。しかし、日本人女性の『いや』は嫌でないことが多いので分からないです」と。

この「いや」という言葉で、私は数々の失敗を繰り返してきました。私は当初、「嫌よ嫌よも好きのうち」という言葉を鵜呑みにしていました。そのため女性が「いや」と言っていても止めなかったところ、後からとても怒られたのです。その経験を生かして、次の女性では「いや」と言う言葉が出てきたらすぐに手を止めました。すると変な空気になり、その女性は「なんで止めるの？」という目でこちらを見ていました。

セラピストは、感じている最中の「いや」が、ほんとに嫌なのか、嫌ではないのかを見極める力が必要になってきます。多くの女性は、初めて会った男性と密室にいるだけで怖さを感じます。そのため、男性を怒らせないように「いや」と言えない心理が働く女性も存在します。

読者の皆さんにお伝えしておきますが、私は決して優秀な風俗セラピストではありません。むしろ、数々の失敗を経験してきました。その中でも大きな失敗は、整体師の延長として風俗の仕事をしていたことです。身体を感じさせることだけが私の仕事であると考えて、それ以外の行為を軽視していました。

しかしお客さんにとって女性向け風俗は、待ち合わせでセラピストに会った時から、お別れまでが夢の時間なのです。さらには、最初の申し込みの時から夢の時間がスタートしていることを、苦い経験を通して思い知らされました。

「地雷店」の見極め方

智子さんは、このようなことも話していました。

「いいセラピストって、なかなかいないんです。あー今回もハズレかぁと思うことが多くて」

私がこの仕事を始めた２０１５年頃は、男性セラピストが自分の性欲を満たすために風俗営業をしている個人店も少なくありませんでした。

お客さんから「オイルマッサージをしてもらっていたら、突然挿入された」という犯罪レベルの話を聞いたこともあります。当時は風俗店の情報がまだ少なかったため、そのような店舗でも綺麗なホームページに騙されて申し込む女性が後を絶ちませんでした。

現在は、セラピストとオーナーが異なる店舗や、女性オーナーの店舗、男女スタッフ在籍の店舗など、女性や第三者の目が入っている店舗が増えました。加えて、ユーザーである女性自身が匿名サイトやＳＮＳで各店舗の感想を掲載して、情報を発信しています。これらを通じて女性間で情報が共有されるようになり、各店舗の内実が分かるようになってきました。ただ２０１５年頃は、お店が自作自演の感想を書いている掲示板もしばしば見受けられました。自作自演は、過去の感想を見ていくと文章が似ているので分かります。

お客さんから、「〇〇サロンに今度行ってみようと考えています。このお店の感想は信用できると思いますか？」という相談を受けたことがありました。そのサロンは直筆の感想をホームページに掲載しており、その文章を見ると、素晴らしい優良サロンに思えてきます。しかし、よくよく見ていくと、書体が3種類しかありませんでした。恐らく3人のスタッフで自作自演の感想を書いていたのだと思います。このような、総合掲示板での店舗側による情報操作もあったものでした。

今は女性一人一人が情報発信ツールを持っており、虚偽はバレる時代になっています。

それでもなお、男性セラピストの性欲を満たすために営業している店舗、女性の年齢や体形でお客さんを選んでいる店舗があると聞きます。

「当たり」のセラピストの定義

男性が風俗を利用する際は、ホームページを見てすぐ申し込む人が大半です。一方、女性の場合は何カ月もネット上の情報を徹底的に調べてから申し込む人が多いです。

以前、「当たりのセラピストは少ないのですか?」という素朴な疑問を、お客さんたちに投げかけてみたことがありました。すると、「そうなんです」という回答と、「私はいつも当たりですよ」という回答がありました。

両者の視点には、何かの違いがあるはずです。しかし、特に事前の情報収集をしない人の中にも「いつも当たりです」と言う女性がいるので、女の直観というものなのでしょうか。

そもそも、「当たりのセラピスト」の定義自体が、人によって異なります。ただその中でも、当たりハズレの分かりやすい見分け方が一つありました。風俗に限ったことではありませんが、予約が取りにくい、または新規の受付をしていないセラピストは当たりの可能性が高いです。特に、副業で営業しているセラピストは、お客さんを受けられる人数が少なく、予約が埋まりやすいです。

私も副業で風俗セラピストをしています。そのため、平日は本業が終わった後の夜に、1人しかお受けできません。また、平日の昼間は代休や有休を駆使して、週に1～2人が限度になります。その結果、最も多い時は50人の予約待ちになったこともあります。

ある新規のお客さんに言われたことがあります。

「どのお店を選んだらいいのか分からないので、それだけ予約があるのなら大丈夫なんでしょうと思い申し込みました」

行列に並ぶ人の心理は、不透明な女性向け風俗の世界でより強く働いているようです。

また、これもお客さんが教えてくれたのですが、女性向け風俗ユーザーには一つ特徴があるそうです。お気に入りのセラピストはSNS上で他人に教えないのです。その理由を聞くと「予約が取れなくなると困るから」との心理があると話していました。

結婚歴のある独身女性

独身女性には、二つのタイプがあります。未婚の独身女性と、結婚歴のある独身女性です。

美香さんの事例をご紹介します。38歳・看護師・結婚歴ありの彼女は、2年前から毎月、定期的に利用をしてくれていました。

５年前に離婚した彼女は、高校１年の娘と中学１年の息子との３人暮らしをしています。娘が家事全般をするようになり、心にもゆとりが出てきたため、頑張ってきた自分へのご褒美にと、これまで疎遠になっていた自分の性欲を満たすことを決めたそうです。

余談ですが、夜の私のお客さんの中で一番多い職業は、看護師です。その理由として、看護師は命を扱う仕事でストレスが溜まりやすいことがあると思います。また、夜勤のある看護師は夜でも家を出てきやすいようです。

同じ夜勤がある仕事でも、介護職のお客さんは少ない傾向にあります。一回に２万〜３万円の費用が出ていく風俗を利用するには、看護師と比べ介護職の収入では手を出しにくいのかもしれません。また、平日昼間の時間帯は専業主婦が多く、土日は会社員の独身女性が多いです。

さて、東京の郊外に住んでいる美香さんは、20時に待ち合わせの某駅に真っ赤なフォルクスワーゲン・ゴルフで迎えに来てくれます。都内は徒歩移動のため、車に乗る機会はありません。そのため、車でのお出迎えはとても新鮮です。

私は美香さんの車の助手席に座り、20分のミニドライブを楽しみながらインターチェンジのそばにあるラブホへ向かいます。

以前は毎回違うラブホに行っていましたが、ここ最近は露天風呂のあるホテルが彼女のお気に入りになっていました。待ち合わせの駅は終電が早いため、宿泊をして翌朝の7時まで美香さんと一緒に過ごします。

お金をもらって女性と宿泊とは、なんて羨ましいと思う人もいるかもしれません。しかし、女性向け風俗は、あくまで女性にサービスを行うことを目的としていますから、甘くはありません。

あるとき、性欲が有り余っている女性と宿泊をしたことがありました。その女性の性欲は留まることなく、朝まで寝かせてもらえませんでした。そして私は、睡眠1時間で、その後2人のお客さんに施術することになりました。以降は身の危険を感じ、ホームページから宿泊コースをなくしました。

また、宿泊コースをホームページから消した理由がもう一つありました。宿泊をすると、心を持っていかれてしまう、「沼る」女性が頻発する要因にもなっていたためです（「沼る」とは、セラピストに心を持っていかれてしまうことを表現するネット俗語です）。

母であり、女である

「身体が男性を求めているんです」

そう語る美香さんは排卵前になると、そわそわしてしまうそうです。美香さんもそうなのですが、自分の生理周期に合わせ、ムラムラするタイミングで利用の日程を決めている女性もいます。

生理の周期を持たない男性には理解できない話ですが、女性は身体の周期で気持ちが変わり、性欲に関しても強くなるタイミングがあるようです。これは私の完全なる主観ですが、ムラムラの強い40代女性の性欲のピーク時は、20歳の男性が半年間射精していない状態と同様の、強い感覚があるように見えます。

美香さんは離婚後も実家に帰らず、女手一つで2人の子供を育ててきました。普段、子供たちの前では気丈に母親兼父親として振舞っている美香さん。私は、こんなに頑張ってきた彼女の明日への活力になれたらと思い、接しています。家の中では母親でも、女性向け風俗は一人の女に戻れる場所です。私は美香さんの母親の仮面を外し、女の快感を最大限引き出すことに全力を注ぎます。

女性が風俗に求めるものは、男性の身体だけではありません。自分自身の女性性を感じるために利用する方も多いです。日頃気を張って過ごしている女性には、様々な仮面を外して素の女になれる場所が必要だと感じます。

セラピストを育てるお客さん

「会社が休みになる前日がリラックスできるんです」と語るのは、結婚歴なしの47歳、みずきさんです。彼女は、私にとって特別な存在です。

みずきさんが利用するのは、毎月第3金曜日の19時と決まっていました。彼女はいつもデパ地下で買ったお弁当を持って、待ち合わせ場所の新宿アルタ前に来てくれます。ホテルで一緒にお弁当を食べながらお話をするのも、彼女の楽しみの一つになっていました。

私が初めて彼女に会ったのは、プロデビューして1カ月の頃でした。彼女は色々なセラピストを経験しているベテラン風俗ユーザーで、まだプロになりたての私にとって、彼女から聞く他のセラピストの情報はとても参考になりました。施術着一つとっても、Tシャツに短パンの人もいれば、作務衣《さむえ》の人、ラブホのガウンを着ている人もいるなど、様々なことを教えてくれました。ときには、ベッド上のエスコートの仕方など女性目線の注意点を伝えてくれました。

なぜみずきさんがド新人の私をリピートしてくれたのかは分かりませんが、右も左も分からない私は彼女に育ててもらいました。私は彼女に会うたび、接客での悩みなど色々な相談を聞いてもらっていました。

あるとき、「最初、キョドったりバタバタしていた柾木さんだったのに、貫禄がついたねー」と、しみじみと感想をこぼしてくれたのが嬉しかったです。みずきさんにとって、私は弟のような、彼氏のような存在なんだと思います。

お客さんの中には、新人セラピストを育てたいと思って接してくれる女性も存在します。私を育ててくれたみずきさんには、今でも大変感謝をしています。

この業界では、お客さんがセラピストを育てている部分もあります。当サロンの20代のスタッフにも、細かくアドバイスをしてくれるリピーターさんがいました。新人セラピストにとって、育ててくれるお客さんがいるかいないかの違いは大きいです。そして、育ててくれるお客さんに出会うための絶対条件が、リピート依頼されるセラピストになることです。リピート依頼をいただく中で、セラピストとお客さんの間で関係性が構築されていくからです。

また、育てるとまではいかなくても、リピート依頼の際に「前回のこういうところを、こうしてくれたら嬉しいです」というアドバイスをくださるお客さんもありがたい存在です。リピートされないセラピストは、指摘してくれるお客さんがいないので、なおさら成長が難しいと思います。

大失態からのリベンジ

とはいえ私とみずきさんは、最初から友好的な関係だったわけではありません。むしろその逆で、出会った頃の彼女は、礼儀作法に厳しいお客さんでした。私はそんなみずきさんを警戒しながら接していたので、そのことが彼女の目にはキョドっていると映っていたのだと思います。

そんな彼女に、新人の私はあるとき大失態を演じてしまったのです。その週の私は本業の仕事が過密で、昼間と夜の仕事の両立に苦労していました。定時で退社するとユンケルを2本飲み、電車に飛び乗り歌舞伎町に向かう日々を送っていました。

それは、みずきさんの3回目のリピート依頼時、辛口の彼女にも少し慣れてきた頃でした。こともあろうに私は、彼女の下半身を触っている際に一瞬、意識が飛んでしまいました。時間にすれば2～3秒でしたが、寝てしまったのです。

そんな私を、彼女は見逃しませんでした。逆鱗《げきりん》に触れ、彼女は怒ってバスルームへ行ってしまいました。そして5分後、シャワーを浴びて帰ってきた彼女に平謝りの私。それでも彼女の怒りはおさまらず、「本日の料金はいただきません」と伝えそのまま終了となりました。私は、彼女にリベンジをさせて欲しいと申し出てなんとか次回に繋げました。

翌月のリベンジの回は、試験を受けているかのように緊張したことを今でも鮮明に記憶しています。その事件以降、なぜか彼女の辛口はなくなっていました。そして今では、とても穏やかな女性になっています。

みずきさんに限らず、最初の利用では、警戒心から細かいチェックを入れる女性は少なくありません。しかし一度セラピストを信用すると、別人のように心を開いてくれる方が多いです。

お客さんの前で一瞬寝てしまった経験を他のお客さんの何人かに話したところ「一瞬どころか、起こすまでずっと寝られたことがある」という人や、中には「施術時間の半分以上寝ていたのに、お金はしっかり取られた」と怒りを露《あら》わにしている人もいました。

あるお客さんの「施術中にセラピストに寝られると心底凹《へこ》みます。やっぱり私の身体はつまらない身体なんだと思ってしまう」との言葉に、気が引き締まりました。

リピート間隔は最低1カ月空ける

女性向け風俗はリピート利用する方が多いという特徴があります。そして、そのリピートの間隔にも色々な傾向があります。

既婚女性のリピート間隔は、二つの傾向に分かれます。毎月利用する女性と、２〜３カ月に一度のペースで利用する女性です。２〜３カ月の人は、夫の出張や家庭の状況を見ながら利用しているようです。

一方、独身女性のリピート間隔も二つの傾向に分かれます。２週間に一度の女性と、月に一度の女性がいます。２週間に一度の女性には、共通の特徴がありました。今まで性的に満たされた経験がなく「施術を受けて、初めて満たされた」というタイプの方が多いのです。

したがって、２週間に一度のペースもしばらくすると月に一度のペースへと落ち着きます。

実は、このお客さんの申し込み間隔が、過去に色々な問題を引き起こしてきました。私は開業当初、お客さんが希望されるままに申し込みを受け付けていました。その後、月を追うごとに、毎週依頼される女性や、隔週で依頼をされる女性が増えていきました。すると、恋愛感情が強くなり、周りが見えなくなってしまう女性が続出してしまったのです。私に対して闇雲に強い好意を抱くようになってしまった女性たちと、様々な問題が起きてしまったのです。お客さんと恋愛感情のもつれでトラブルになってしまうと、当事者同士では話し合いになりません。私に対して独占欲が強くなってしまった女性の心を落ち着かせるために、第三者に間に入ってもらうこともありました。

私は悩んだ末、「次の予約まで最低１カ月空けて下さい」というリピート間隔の制限を、全てのお客さんに対して提案しました。この対策によりお客さんの気持ちの冷却期間も生まれ、トラブル防止に大きな効果がありました。

ちなみに、定期的にリピート依頼をいただく中でも、依頼が減る月があります。既婚者の女性からの依頼は、１月・４月・８月は少なくなります。１月は、お正月で出費が増えている月。４月は、入学式があったり学年が変わったりと子供のことで忙しく、臨時の出費もかさむ月。８月は、子供が夏休みで家にいるので利用を控えている月になります。既婚者の風俗利用は家庭の懐《ふところ》事情と、子供のイベントにリンクしているのです。

不倫と風俗

独身の文《ふみ》さんは、41歳の一人暮らしです。彼女は都内の大手外資系企業に勤め、部下を何十人も束ねる優秀な方です。

文さんには交際3年の既婚者の彼がいますが、特に彼と結婚をしたいとは思っていないと語っていました。文さんは今の仕事に充実感を抱いており、自分の生活リズムを乱されたくないという思いが強いからです。そのような彼女がなぜ、風俗を利用するに至ったのか？素朴な疑問が湧き、聞いてみました。

「彼が人目を気にするので、会う場所はラブホの中だけなんです。彼は家庭優先なので、ドタキャンになることも度々あります。そんなとき、私の存在ってなんなんだろうと、突然寂しさがこみ上げてしまうことがあるんです。……あのときもドタキャンが続いたんです。楽しみにしていた気持ちのやり場を失い、家で一人やけ酒をしていました。そのとき、ネット検索していて偶然女性向け風俗を見つけたのです」

「そんな背景があったんですね」

「新しい世界を見つけた楽しさもあって、風俗サイトを何時間も見入っていました。そして寂しさと酔った勢いもあって、その日のうちに風俗に申し込んでいました」

同情しながら相槌を打つ私に、その胸の内を明かしてくれました。

実は、彼女は私のサロンに来る前に、10軒のお店を利用していました。

「初めての風俗はどうでしたか?」

「初めてだったので、安全のために料金の高いお店を選びました。高いだけあって接客がしっかりしていて、とても満たされ夢心地でした。でも毎回10万円近いお金を払うのはどうかと思い、何回か利用してからは3万円くらいで利用できるところを探していたんです」

「やっぱり、高いところはいいお店なんですね」

高級店の話に興味を示す私。

「それが……酷いところもありました、高い＝いいお店とは限らないんです」

文さんは気軽に利用できるお店に落ち着きたい、と思っている時に私を見つけてくれました。今、文さんからは月に1回のペースで申し込みが入っています。

２００人に１人の波長が合う女性

彼女とは週末の18時、横浜駅での待ち合わせをしています。夜ご飯を食べて少し散歩をして、いつものラブホで終電まで過ごすのがお決まりのコースになっていました。

文さんのお気に入りは、港の見えるレストラン。遠くに横浜ベイブリッジを見ながら食事をする私と文さん。きっと彼女とここで食事をしたかったのだろうな、と複雑な思いで話をする私。

「文さんは、なんで私をリピートしてくれたのですか?」

柾木さんが一番良かったから、という答えが返ってくるのを期待して、下心のある質問を文さんにしてみました。

「なんでだろうね」

私は、予想外の返答に、肩透かしを食らった気分になりました。その言葉は、きっと彼女の、精一杯の照れ隠しに違いないと今でも思っています。

文さんを見ていると、かごの中の小鳥が頭の中に浮かんできます。本当は自由に飛べる翼を持っているのに、かごの中から出ないでいる小鳥。仕事では優秀な方でも恋愛になると奥手になってしまう、そんな人間くさい彼女に親近感を覚えます。普通ならば出会うことのない私と出会い、親しくなる女性向け風俗。今更ながらに不思議です。

いつもは事前に予約をされる文さんが、一度だけ飛び込みで「今夜時間作れませんか？」と相談してきたことがありました。急遽22時半に待ち合わせをして、二人で手を繋いで山下公園でデートしました。なぜ急に彼女から連絡が来たのか、その理由は聞きませんでしたが、何かがあって急に人肌が恋しくなってしまったのだろうと思います。

いつも心が傷ついている文さん、なぜ貴女はその険しい道にあえて進むのですか？

この日、文さんと長いハグをしてバイバイしたことが、今でも忘れられません。女性向け風俗のセラピストも一人の男です。お客さんの弱い面を見てしまうと、心がひきずられてしまうこともあります。

女性向け風俗は、その女性の肩書や背景や装飾品・服など全てを外した、その女性自身と出会う仕事です。たくさんの女性とお会いしてきて気づいたことがあります。それは、２００人に１人の割合で容姿・性格も含め波長がぴたりと合う女性と出会うということ。そんな異性の存在を知ってしまうと、自分自身のプライベートのハードルが上がってしまうのがこの仕事の贅沢な悩みです。

午前0時のお客様

お客さんが湯船で温まっている間に、サロンに届くメールをチェックする私。すると、ゆかりさん（40代・独身）からメールが入っていました。

「今日、何時でもいいのでいつものホテルで待っています」との短い文章。ゆかりさんからのメールはいつも突然です。

　ことの発端は、半年前の夕方に舞い込んだ一通のメールでした。「今日、遅くなってもいいのでお願いできませんか？」との連絡。私は「夜の施術が入っているので明日なら空いています」と返すと、「何時でも待ってます」との返信が来ました。

　このときが、初めての午前0時からの施術でした。それ以来、ゆかりさんから真夜中の依頼を不定期に、しかも突然いただくようになりました。

　新宿で23時にお客さんと別れ、急いで彼女の待つホテルへ向かう私。教えてもらった部屋に入ると、すでにバスローブ姿でスタンバイＯＫのゆかりさんがお酒を飲んでソファーにいました。２人掛けのソファーに横たわっている彼女。バスローブの隙間から見える太ももが、とても妖艶《ようえん》な雰囲気を醸《かも》し出しています。今はもう見慣れた光景になりましたが、最初はスタンバイＯＫの女性が待っているという状況が、なんだか外国の映画を見ているようでした。

　ゆかりさんのムラムラは突然ドーン！　とやってきます。ムラムラが最大限になっている女性は、いつもよりも感じやすく、簡単にオーガズムに導くことができます。特に彼女の場合は、待っている時間にじらし効果が働いているようで、絶頂の渦に連れて行くのは容易です。ゆかりさんは90分の短時間でも、何度も昇りつめて、力尽きてそのまま寝てしまいます。私はフロントに電話をして部屋を開けてもらい、熟睡している彼女を置いてホテルを後にするのがお決まりのコースになっていました。

　女性向け風俗を利用する前はどうしていたのか気になり聞いてみたところ、メール一本で駆けつけてくれるセフレが何人かいたとのことでした。しかしセフレといえど皆一般男性なので、彼女のムラムラ解消まではいかず、中途半端な感覚が残っていたのが長年の悩みだったそうです。ムラムラの強い女性たちは人知れず苦労をしていることを、この仕事を通して知りました。

第3章

50代からの風俗

お客さんの年齢層

女性向け風俗を利用する女性の年齢層は18歳から70代まで様々です。前章でも少しお話ししましたが、私のお客さんの中で最も多い年齢層は40代です。独身の方の利用はもちろん、子供が小学校4年生以上で子育てが一段落した方も多いためです。反対に、子育て真っ最中の30代の既婚者の利用は少ない傾向にあります。利用者の年齢層は各店舗のカラーやセラピストによっても異なり、20代が多い店舗もあれば、40〜50代が多い店舗もあります。

当サロンに20代前半のセラピストが入ったとき、彼に対する40〜50代のお客さんの意見が割れました。その中でも一番多かったのが、「息子と同じ年齢は無理」との意見でした。独身の方でも、「もし私に子供がいたとしたら、そのくらいの年齢になっているだろうから、嫌だなあ」と感想をもらしていました。

反対に、肯定派からは「若い男性と接する機会なんて普段ないので、良いと思う」という声があったり、「若くてイケメンが良いに決まってるでしょ！」と感情を込めて語ってくれた人もいました。結局、20代の彼の利用者は20代が一番多く、次いで30代の独身女性になっていました。

40代セラピストである私のお客さんの年齢層の比率を挙げてみますと、40代4割、50代3割、30代2割、20代1割、60代〜が稀となります。今でこそ50代女性の利用が多いですが、この仕事を始めた２０１５年頃、50代は皆無でした。40代はとても多いのになぜ50代の利用者がいないのか不思議でした。

ある時、その理由が判明します。初めて50代の女性から依頼をいただいた際の、申し込みメールにヒントがありました。

「柾木様、初めてご連絡をいたします。いつもブログを興味深く拝見しています。この度、申し込みをしたいと思っております。私、53歳なのですが、本当に申し込んでいいのでしょうか？」との内容でした。

当サロンのホームページには、受付年齢20歳以上と表記してあります。にもかかわらず、なぜこのような質問をいただくのか疑問でした。申し込みをされた由美子さんにそのことを質問してみたところ、図らずも女性向け風俗の闇に触れることとなりました。

50代はもう女ではないのか

由美子さんはそれまで、二つの店舗に申し込みの連絡をしていました。彼女が最初に選んだ店舗はホームページに申し込みのフォームがあり、そこから連絡する形式でした。彼女は、申し込みフォームの記入事項である「年齢」を入力して申し込みをしました。勇気を出して申し込みを済ませた彼女は、お店からの返信をドキドキしながら待っていたそうです。

しかし、いつまで経ってもお店から音沙汰がありませんでした。送信ができていないと思った彼女は、そのお店に問い合わせのメールをしたそうです。すると、その問い合わせメールにすら返事がありませんでした。「もしかして、私が50代だから?」と思いホームページを見返しましたが、どこにも申し込みの年齢制限は記載されていません。

結局、そのお店を諦めた由美子さん。今度は受付年齢20~50代としっかり書いてある店舗を選び、再度申し込みをしました。すると今度はすぐに返信が来ました。ホッとした由美子さんがそのメールに目をやると、このような文章が書かれていたそうです。

「50代の方は、施術の効果が出にくいのでお勧めしていません」

二つのお店から冷たくあしらわれてしまい、落胆した彼女。「ホームページに50代ＯＫと書いてあっても、実際には受け付けてくれない世界なんだ、50代はもう女ではないんだ」と寂しい気持ちでいっぱいになっていたそうです。

もう風俗を利用するのは止めようと思った時に、偶然私のホームページを見つけます。毎日更新されるブログの言葉から人となりを3カ月じっくり観察して、「この人なら断らない」と思ったそうです。そして、今回の「私、53歳なのですが、本当に申し込んでいいのでしょうか？」というメールを送ってもらうに至りました。

現在はどの店舗のホームページを見ても、18歳以上や20歳以上という表記しかありません。しかし、２０１６年頃までは、ホームページに受付年齢20代～30代と年齢制限を表記している店舗をよく見かけました。

年齢制限とＢＭＩ制限

当時、この年齢制限の存在が、利用者である女性の間で物議を醸していました。年齢制限をしているお店は、「若い女性の身体を触りたいだけなのでは？　とも思えるので、敬遠してしまう」というのが多くの女性の意見でした。

するとその後、年齢制限をしていた店舗も、次第に18歳以上や20～50代・60代などの表記に変わっていきました。恐らく、それまでのような店舗にはお客さんが入らず、ホームページの年齢制限を変えたのだと思います。しかし、由美子さんの話から、ホームページ上の年齢制限を変えても実態は変わっていないことが分かります。

また、他の50代のお客さんが寂しそうに語っていました。

「セラピストが乗り気でないのが伝わってきて、施術中申し訳ない気持ちでいっぱいになってしまった」と。さらに、そんな自分が情けなくて、涙が出てきたともらしていました。

また年齢制限だけでなく、ＢＭＩ（体重と身長から算出される肥満度を表す体格指数）制限を設けていた店舗もありました。いったい、誰のための風俗なのか分かりません。

ある女性が、デートコースを利用した感想を話してくれました。「２人分の食事代・カラオケ代・ホテル代を払い、そして自己満足な性行為をされ最悪な一日でした」と。この手の話は、当時多くの女性から聞きました。

個人で営業している１人セラピストのお店の中でも、非常に良心的なところもある一方、１人セラピストが自己満足のためにやりたいようにやっているお店もあります。そのようなお店は、大抵１年以内に廃業しています。その点、セラピストを多人数抱えている店舗はお店のルールが存在しており、先のように女性が嫌な思いをする状況にはなり難《がた》いのかもしれません。

現状、女性向け風俗はＳＮＳを使って容易にお店が作れてしまいます。本来、風俗営業をするためには、法律の定めにしたがって風俗営業の届け出をする必要があります。しかし、無届けで趣味的に営業している、１人セラピストの店舗も多く存在しています（ただし、風俗営業の届け出を済ませているから必ず良いお店というわけではありませんのでご注意下さい）。

無届け風俗店は、店舗側にとっても極めてリスキーです。お客さんとトラブルになった無届け店の経営者が風営法違反で逮捕されたケースが２０１７年に札幌でありました。安易に闇風俗店を作るのはお勧めしません。それは、無免許で車を運転するのと同じ行為だと感じます。

閉経とスマホと「昼顔」と

40代と比べると50代は、個人差はありますが、閉経に伴い性欲そのものが減退する傾向にあるように見えます。それが50代の利用者が少ない最大の要因だと思われますが、私がこの仕事を始めた頃に50代の利用者が少なかったのには、当時の社会的背景も関係していたと考えています。それは、本書の冒頭でも触れたスマートフォンの普及です。

総務省「通信利用動向調査」によると、２０１５年の50代のスマホ普及率は約55％でした（ちなみに40代は約74％でした）が、２０１９年になると50代の約86％がスマホを利用しています。世の50代女性がガラケーからｉＰｈｏｎｅなどのスマホに移行していったのに比例して、女性向け風俗を利用する50代女性も増えていきました。多くの方が、スマホがなかったら風俗は検索していないと話しており、女性の性の変化にスマホが強く関わっていることが分かります。

また、２０１４年は、不倫をテーマにしたドラマ『昼顔』が大ヒットしました。女性向け風俗のユーザーが増えていった理由の一つに、こうしたドラマの影響も少なからずあるようです。

あるお客さんが、次のように語っていました。

「不倫願望はありますが、もし相手が本気になってしまったらと考えるとできません。でも風俗だったら、家庭を壊す心配もないので利用できます」

女性向け風俗は自分のペースに合わせて利用できる、不倫願望の派生という側面も持っているのです。

50代の利用者が少ない理由は他にもあります。それは、体形の変化です。50代を迎えた女性は、20代の時と比べて体形も肌も変わってきています。そして多くの女性が、そのことを卑下《ひげ》しています。当サロンに20代のセラピストが加わった時、ある50代の女性が「こんな私の身体を20代の男性の前にさらすなんてできません」と話していました。40代の柾木さんならば、年齢も近いのでまだ見せることができると話す女性もいました。

他にも「こんなおばさんの身体なんて誰も触りたくないよね」と言いながら服を脱がれる女性もいますが、それを聞いていて、私は悲しくなります。そうした女性に対して、私は自分の男性性を前面に出し、普段以上に女として接します。やがて施術が終わる頃には、女としての自分に少し自信が持てるようになる人が少なくありません。

セラピストとしての本音を言えば、20代の女性よりも50代の女性の方が、やりがいがあります。20代は未成熟の身体であるのに対し、50代は身体が成熟して反応がとても良いのです。さらに50代女性は日常生活で大人の女性の顔をしており、日常の顔とベッドの上で乱れている時のギャップが一番大きい年代になります。私に言わせると、一番色っぽい年代が50代なのです。そのことをブログに綴ったところ、50代の利用者が増えるようになりましたし、50代の女性から「その言葉に救われました」という感想をたくさんいただきました。

ただ一方で、他の年代の方からは「50代を持ち上げすぎ」とのやきもちの感想ももらいました。女性は難しいです。

また、子育てをしてきたおっぱいの中には、子供に乳首をかじられたり、しぼんでいたり、頑張ってきた跡がうかがえることもあります。私は、子供たちを育ててきた女性のおっぱいに「頑張ったね！」とエールを送りながら心を込めて触っています。身を粉《こ》にして頑張ってきたおっぱい、とても愛おしく感じます。

琴子さん、博多から東京に来る

琴子さんの申し込み動機は、次のような内容でした。

「53歳になってまでと、恥ずかしいのですが、身体はまだ男性を欲しています。夫とは20年以上セックスレスです。相手を出会い系サイトで探すことも考えましたが、ここはプロにお願いしようと思いご連絡いたしました」

琴子さんの住まいは、東京から遠く離れた博多でした。仕事の関係で東京に用事があり、それに合わせて風俗を申し込んでいました。彼女は仕事に絡めての利用ですが、地方から風俗を利用するだけのために上京する女性も多いです。さらに、飛行機で日帰りする女性もいます。

都内の地理が全く分からない琴子さんと確実に会えるように、宿泊先のフロントで待ち合わせることにしました。彼女は常にムラムラしていると聞いていたため、私の中の彼女は色気がムンムンと漂《ただよ》っているイメージでした。

人気の少ない広いロビーで待っている私。すると、白いブラウスに紺色のスカートの女性がエレベーターを降りてきました。彼女は、私のイメージと異なり落ち着いた雰囲気の女性でした。

合流後、タクシーでラブホテルに向かう私と琴子さん。車内では終始無言の二人。タクシーで移動する際は、会話の内容が運転手に聞こえてしまうので、当たり障りのない会話か無言になることが多いです。それでも運転手は、「昼間から、ラブホテルに向かうこの二人はどんな関係なんだろう」と思っているに違いありません。

お客さんが泊まっているビジネスホテルで施術を行うこともありますが、ビジネスホテルの場合は、声が廊下や隣室にもれてしまう問題があります。そのため、声もれが心配な人にはラブホテルをお勧めしています。以前、隣室の家族の一家だんらんの声が丸聞こえのビジネスホテルがあり、お客さんが声を押し殺して施術を受けたことがありました。また、明らかに廊下に喘ぎ声がもれていてヒヤヒヤすることもあります。

目的のラブホテルに着き中に入ると、フロントには手続き待ちのカップルが4組いました。それを見て「東京のラブホテルはとてもオープンなんですね」と驚いた様子の琴子さん。

「このバリ風のホテルは新宿でも特に人気なんです。そのためいつも、フロントはリゾートホテルさながらの賑わいになっています」

そう言葉を返しながら彼女の視線の先を見ると、ある男性カップルにくぎ付けになっていました。

「新宿では男性カップルもよく見かけますね」

彼女の頭の中を推測して私が言うと、「東京は本当にすごいところです」と、琴子さんはさらに目を丸くしていました。

本当の動機

向き合いながらソファーに座り、琴子さんの事前アンケートを拝見する私。彼女はセックスレスになって20年以上が経ち、「ある意味処女と同じ気持ちです」と話していました。「性に関してはもう卒業したと思っていました。それが、またラブホテルに入ることになるなんて夢にも思いませんでした。しかもさっき会ったばかりの男性と」と、話す彼女の顔から戸惑っているのが分かります。

「性欲は卒業したいですか？」と、彼女に素朴な疑問を投げてみました。

「多分、性欲だけではないのかもしれません。年老いていく自分に抗いたいという気持ちもあるのかもしれません」

「と言いますと？」

「いつまでも女でいたいんです。恋していたいんです」

そう話す彼女は話しながら、本当の自分の気持ちに気づいたようでした。琴子さんが風俗を利用するのは、いつまでも女でいたいという思いからだったのです。

ちなみに他の50代女性が風俗を利用する理由を挙げてみますと、次のようになります。

①　性欲のピークでムラムラが止まらなくなってしまったから
②　人肌が恋しくなってしまったから・男性に触れてもらいたかったから
③　女として扱ってもらいたかったから・いつまでも女でいたいから
④　夫の浮気に気が付き、自分も好きなことをやろうと決めたから
⑤　生理があるうちに、しっかりと感じておきたかったから
⑥　セックスレスの自分の身体がどうなってしまっているのかを確認したいから
⑦　美容のために女性ホルモンを出したいから

女性が風俗を利用する目的は、一人一人異なります。さらに、年代によっても視点が変わってきます。各年代のニーズを一言で表すと、次のようになります。

20代は、好奇心（性の世界の探求）。

30代は、性の充実感（様々な経験をした女性のさらなる高みの経験への願望）。

40代は、戸惑いの解消（性欲のピークと女としての自信の回復）。

50代は、美と健康（女性ホルモンの分泌）。

当然、一人一人ニーズは異なりますが、大筋ではこのように分かれていました。

また、初めて風俗を利用した女性のリピート率をお客さんの話から推測すると、7割弱の方が女性向け風俗をリピート利用していると思われます。風俗の利用をきっかけに、女としての自分に自信が持てるようになり、セフレを作る人もいます。

セカンドバージンへの施術

私がシャワーを浴び部屋に戻ると、琴子さんはソファーに座りながら物思いにふけっていました。セカンドバージンの彼女、きっと色々なことが頭の中を駆け巡っているのでしょう。

「緊張しますよね」

「はい、少しだけ。でもワクワクしている自分もいます」

そう答える彼女の瞳はキラキラ輝いていました。

ベッドでうつ伏せになる琴子さん。私は彼女の身体を、丁寧にオイルマッサージしていきます。するとすぐに、彼女の感じるスイッチが入りました。スイッチの入った彼女の身体は、男性に触れられるのが20年ぶりとは思えないほど、成熟した素敵な感度を示していました。

「この身体、感じるスイッチが入りやすくて大変でしょう？」

「身体がほてるようになって、一日中ムラムラしてしまう時もあります」

恥ずかしそうに答える彼女。性欲のピークを迎えた女性の身体は、個人差こそありますが、皆さんその扱いに苦労しています。

女性ホルモンの分泌は35歳を超えたあたりから減少していきます。そして、男性ホルモンの割合が多くなり性欲が高まることがあります。さらに閉経前に、その性欲が急激に強くなってしまう女性もいます。急激に性欲（性エネルギー）が上昇した身体になってしまうため、24時間濡れ続けてしまうこともあります。私の施術は、女性の性エネルギーを最大限に解放するものです。そのため、性欲がピークの女性とは相性がいいようです。

施術の基本は、じらしです。じらしたうえで一番感じる部分を触ると、それだけでイッてしまう女性もいるくらいです。女性が「あんあん」と可愛らしい声を出している時は、演技をする余裕もあり理性がコントロールをしています。女性が本当にオーガズムに達している時の声は、うめき声や低い声になります。

また女性はオーガズムが強いほど、本能の声になります。ジェットコースターが落ちる瞬間のような「グギャー」という声や、男性のような声になる女性もいます。

以前、あるリピーターさんから当日キャンセルの連絡が入りました。理由は生理ではなく、喉を傷めてしまったからでした。確かに彼女の喘ぎ声は、大声でカラオケで熱唱しているかのようです。彼女にとって、大声を出して発散することも利用目的になっていました。

性エネルギーの器

ベッドで大絶叫している琴子さん。これが普通の家でしたら、近隣から警察を呼ばれているレベルの声で「死ぬ！」「ギャー！」と何度も叫んでいました。しかし、いくらラブホテルでも大声で「死ぬ！」「死ぬ！」と何度も叫ばれると、誰かが飛んでくるのではないかと心配になります。大絶叫の琴子さんは何度も何度もオーガズムを迎え、力尽きそのまま倒れるように眠ってしまいました。施術後、死んだようにピクリとも動かなくなる女性もいて、焦ることもあります。

ベッドでそのまま寝てしまった琴子さん、強烈なオーガズム後の疲労感は激しいです。15分ほどしたのちに声をかけてみると、ゆっくりと目を開ける彼女。

「ずっと頭が真っ白でした。そして、頭のてっぺんから何かがブアーと出て行ったみたいです。あっ、重かったモヤモヤがなくなっています」

自分の身体の変化に驚く琴子さん。クリトリスオーガズムは一度イクと辛くなる女性が多いのですが、中イキオーガズムは何度でもイケることが特徴になります。連続で何度もオーガズムを迎えることで、溜まっていた性エネルギーが解放されるのです。

たくさんの女性のオーガズムと向き合ってきて、気づいたことがあります。それは、女性が持っている性エネルギーの器の大きさが一人一人異なるということです。

おちょこのような小さい器の女性もいれば、ジョッキサイズの器の女性もいます。性感施術は、その器に快感という水を注いでいく作業になります。そして、その水が器から溢れた時に起こる現象が中イキオーガズムというイメージがあります。器が小さい女性はすぐに溢れるためオーガズムは小さく、器が大きい女性は簡単には溢れないため、その分オーガズムは大きくなります。

ホテルから出た琴子さんは、まだボーッとしていました。タクシーを呼び、運転手に彼女の滞在先のホテルを伝え、お見送りをして終了となりました。

大量の性エネルギーの持ち主である琴子さんですから、今回オーガズムによって解放してもすぐにムラムラがやってくるだろうと思っていました。２週間後、気になった私は、彼女に連絡を入れてみました。すると、あれ以来彼女の強烈な性欲がピタッとおさまったと驚いていました。

そのことを、琴子さんはこのように語ってくれました。

「また、あのムラムラがやってきても、柾木さんにお願いすればいいと思うと心が安定しているんです」

同様に、「解決方法を知ったことで、気が楽になりました」と、多くの女性が語っています。一方、風俗を利用しようとする自分への背徳感も相まって、ムラムラが増長されている女性も少なくありません。

閉経後の悩み

日本人女性の平均閉経年齢は50・５歳と言われています。閉経の時期には個人差があり、

30代後半で閉経する女性や50代中頃まで生理がある女性まで様々です。私の元へ来る50代のお客さんには、閉経に関係する悩みを抱えている人も多いです。

50代の既婚者、里美さんもその一人で、彼女の相談内容は次のようなものでした。

「昨年生理が終わってから、性行為に興味が持てなくなってしまいました。閉経後、私の身体は濡れにくくなってしまい、挿入されると痛みを感じるようになりました。それでも、痛いのを我慢して夫に付き合ってきました。痛みが酷くなってきて、夫にローションを使って欲しいとお願いしたことが一度だけあります。すると夫は、自分のセックスをけなされたと思ったようで機嫌が悪くなってしまったのです。それ以降痛いと言えなくなり、ずっと耐えています。夜、主人に誘われるのが苦痛で怖くて仕方ありません」

女性の濡れやすさには個人差があります。特に閉経後は、多くの女性が濡れにくくなります。濡れないことで男女関係がギクシャクしてしまう話も聞きます。

男女の性行為は、双方のコミュニケーションが大事です。身体のことや気持ちのことを伝え合うことのできる男女は双方満足感のある性行為ができています。しかし、それができている男女は少数です。

また、女性側が伝えても、里美さんのように男性側が理解できないことも多くあります。

性行為において主導権を持つことの多い男性側に、女性の身体についての知識が不足していることが悲劇を生んでいるケースもしばしばあります。

里美さんの悩みは、ローションを使えば解決する類《たぐい》の問題でした。しかし、夫の協力を得ることは難しい状況にあります。私は彼女とメールをやり取りしながら、彼女の身体にローションを使える状況が作れないか考えていました。あるとき、風俗嬢の友人が仕込みローションの存在を教えてくれました。

仕込みローションは、タンポンのような形状のアプリケーターにローションが入っています。そのアプリケーターを使って、予め行為前に膣の中にローションを注入しておきます。一日に何人もの男性を相手にする風俗嬢がよく使っているものです。

私は里美さんに紹介するにあたり、実際に仕込みローションによる濡れ具合をモデルの女性に使ってもらって確かめてみました。すると、プロの私でも分からない濡れ具合でした。私は彼女に自分の感想を伝え、仕込みローションを勧めてみました。藁をも掴む思いだった里美さんは早速、夫に内緒で仕込みローションを購入し使ってみたところ、最初だけ痛みがありましたが、すぐに痛みがなくなり性行為ができたそうです。

濡れにくいことに起因する性交痛は、全年齢の女性が抱えている悩みです。そして、ローションを使って欲しいとパートナーに言えない女性が多い現状があります。男性のプライドを気遣って言えなかったり、自分の身体がおかしいと思われたくないという女性心理も働いています。

男性の性機能障害（勃起障害、勃起不全）は、勃起が起こらなくなるので分かりやすいです。一方、女性の性機能障害は、濡れにくくても無理やり挿入できてしまうので、男性に気づかれないことが多いのです。このことで、人知れず悩んでいる女性はとても多いです。

カチカチの膣

閉経後に関して、次のような相談もあります。既婚者54歳、ひとみさんからのメールです。

「彼氏ができて10年ぶりに性行為をしたのですが、痛くて挿入することができませんでした。濡れやすい体質だったはずなのに、閉経したら体質が変わってしまったみたいです」

ひとみさんにローションの使用を聞いてみたところ、ローションを使っても痛みが出ていました。ひとみさんの閉経は、6年前だったそうです。

メールを何度かやり取りした後、実際に身体を見て欲しいとの依頼を彼女からいただきました。私は早速お会いして、ひとみさんの膣に指を入れてみると、膣口が硬くなっていました。6年前に閉経した膣は萎縮《いしゅく》して入り口が狭くなっており、小指を入れるのがやっとの状態です。また、硬い骨盤底筋も痛みの原因になっていました。

ひとみさんの膣周りの筋肉や筋《すじ》をもみほぐしていくと、徐々に膣口が柔らかくなっていくのが分かります。2時間の膣マッサージが終わる頃には、硬かった膣はほぐれ、人差し指が入るまでになっていました。ひとみさんにセルフトレーニングの方法をレクチャーし、今回の施術は終了となりました。

その後、彼女より連絡が入りました。彼が協力的な人で、彼女に教えた膣マッサージを彼が実践しているとのことでした。ひとみさんに、「少し時間はかかるかもしれませんが、それでも性行為ができない時はご連絡下さい」と伝えてメールのやり取りは終わりました。その後、彼女から連絡はないので改善できたのだと思います。

閉経して本人に性欲がなくても、パートナーと性行為をすることは普通にあります。閉経後、インターバルが空いてしまった女性の膣は、メンテナンスが必要なケースも多々あります。「閉経後の膣を放置しないで下さい、顔のスキンケアと同じく膣のセルフケアもして下さい」というメッセージを発している助産師さんもいます。

閉経後、確実に膣は衰えていきます。また、衰えた膣の放置は将来、尿もれの悩みにも直結していきます。性行為は快楽だけではなく、女性の膣にとってマッサージの効果もあります。

膣ケアの意識改革

セックスレスで放置されている膣は、生理があっても膣内が癒着している人もいます。膣の中が癒着して、梅干しのようにシワシワになっている人も見受けます。そうした膣に挿入すると、膣内が切れて出血するのは当然です。

また、肩こりの肩のように膣壁がカチカチに硬くなっている人もいます。彼が時間をかけて丁寧な性行為をしている女性の膣は、膣内がふわふわになっている人が多いです。また、性行為がなくても膣のセルフケアを続けることでふわふわの膣にしていくことができます。

性行為の時に、膣内を男性は自分の一番感覚の研ぎ澄まされた部位で触れます。男性はカチカチとふわふわの挿入感の違いに気づいていますので、こうした膣ケアの必要性は、より多くの女性に知られるべきでしょう。

諸外国と比べて、日本女性の膣ケア意識は残念なくらいに低いのが現実です。イタリアやフランスをはじめ欧米の多くの国で、デリケートゾーンのケアはエチケットの一つとして常識になっています。そのため、海外では膣ケア用品が店頭に普通に並んでいます。

女性が気持ちよくないのに感じている演技をするのと同じく、男性が挿入して気持ちよくないと感じても、そのことは口が裂けても言えません。性行為中に男性は、一生懸命に気持ちよくなる体位や場所を探しているのです。男性がなかなか射精しない原因が、膣に起因している可能性もあります。

多くの日本人女性の膣は、何もケアをされずに放置されている場所だと言えます。女性は膣を男性に任せて放置、当の男性はＡＶで見た潮吹きや、ガチャガチャ――と雑な触り方をして膣に負担をかけている人が多いです。膣は鈍感かつ繊細な部分です、男性は大事に接してあげることが大切になります。

突然の性欲の高まりに振り回される

恵子さん（48歳）は、突然の性欲のピークに戸惑っていました。彼女は、「一日中、ムラムラしています。身体が欲していて、ずっと濡れっぱなしなんです」と酷く困惑していました。しかし、恵子さんに風俗という選択肢は存在していませんでした。

最初、彼女は夫に見つからないようにバイブを購入したそうです。10年ぶりに自分で処理を試みた時のことを、このように教えてくれました。

「おもちゃを使っても全然ムラムラがおさまらないんです。本物の男性でないとダメみたいです。でも主人とは今更する気にはなれなくて、途方に暮れていました」

思い悩んだ恵子さんは、同い年の親友に打ち明けました。すると、親友から驚くような言葉が返ってきました。

「私が利用している女性向け風俗のセラピストを紹介しようか？」

親友とは学生時代からの付き合いになります。その彼女が風俗を利用していたことを初めて知り、驚いたそうです。恵子さんは、そのときの気持ちをこう語ってくれました。

「彼女が勧めてくれるお店ならば間違いはない、というのは分かっていました。ですが、私は風俗という存在そのものをよく思えないので、風俗を利用することは私のプライドが許しませんでした」

風俗を見下していたはずの彼女が、なぜ風俗を利用するに至ったのでしょうか。申し込みメールの中に、彼女の胸の内が書かれていました。

柾木様。
年の瀬のお忙しい中、申し訳ありません。
友人の美紀子より柾木さんをご紹介いただきました、恵子と申します。
今年の2月頃から突然ムラムラが高まり、今でも戸惑っています。
柾木さんのことは6月頃に教えていただき、毎日ブログを拝見しておりました。
しかし、なかなか申し込みまでは踏み切れなく、この年の瀬まで来てしまいました。
来年もこの状況を引きずると思うと、とても辛いです。
無理を承知でお願いしたいのですが、どうか年内に施術をお願いできないでしょうか？
お返事お待ちしております。

恵子さんから風俗利用の申し込みをいただいたのは、12月28日のことでした。半年間悩み続けて、とうとう年末になってしまったそうです。12月29日はスケジュールを空けていたため、急遽翌日に施術をすることに決まりました。

私が12月29日を空けてあるのには、理由があります。悩み抜いた末に今年中にお願いしたい、との相談が例年年末に舞い込むためです。12月29日は、そうした女性のために空けてあるのです。

こうした性欲のピークに関しては、恵子さんだけでなく多くの女性が困惑し悩まれています。突然来た衝動に身体を持て余し、風俗を利用する女性も少なくありません。

女性がお金を払って身体を触ってもらうなんて淫乱な、と思う人もいるかもしれません。しかし、女性の中には感じるスイッチが24時間入り続けている人や、常に濡れっぱなしの人など、日常生活に支障をきたすレベルの状態にある人もいるのです。

12月29日

12月29日の13時、年末の渋谷に私とベージュのコートを着た恵子さんがいました。

恵子さんは俳優の菊池桃子さん似の清楚な印象を受ける女性でした。このような女性がムラムラに振り回されて常に濡れっぱなしでいるとは、周りの人は誰も気が付かないだろうと思います。恵子さんは美紀子さんの紹介ということもあり、さほど緊張はしていない様子でした。

今回の彼女のように、リピーターさんが親友を紹介してくれることがしばしばあります。ただの友人ではなく親友というところに、女性が性の本音を相談できるのが親友レベルの人に限られていることを感じます。紹介された親友が、さらに親友を紹介してくれることもあります。

「恵子さんですよね？　柾木です。本日はよろしくお願いいたします」

顔を上げた彼女は、うつろな目をしていました。

「はい恵子です。よろしくお願いします」

そして、すぐに私と彼女はラブホ街に消えていきました。

ホテルの部屋に入ると、急にそわそわし出した恵子さん。いたたまれなくなってしまったのか、「本当は、私は風俗を利用するような女ではないんです」と話し始めました。

その話を最後まで聞いて、彼女の中に思考と行動の葛藤があることを感じました。彼女の背徳感を和らげるために、「マッサージ・もみほぐし」というキーワードを何度も使って風俗色を出さないように会話をしました。そして、シャワーを浴びて、ガウンを羽織って部屋に戻ってきた恵子さんは覚悟が決まったようで、落ち着きが出ていました。

本当の喘ぎ声は全然エロくない

もみほぐしマッサージのために恵子さんの身体に触れると、身体はすでに感じるスイッチが入っています。オイルマッサージに入ってからは、快感のダムが決壊したかのように身体が反応し抑えられなくなっていました。

「この身体、大変だったでしょう?」

ベッドの上で悶えている恵子さんに思わず聞いてみました。恵子さんは荒い吐息で、「私の身体は壊れてしまったんです。身体の中に、別の何かがいるんです」と訴えておられました。

「ここからは、恵子さんに思いっきり感じてもらいます。そして溜まっている性欲のエネルギーを放出させますね」と言うと、膣口に指を触れてマッサージを始める私。

感じるがままに、ベッド上で身体をくねらせる彼女。膣内に指を入れた時には彼女の理性は吹き飛び、別人のような叫び声に変わっていました。ずっと叫び声をあげていた次の瞬間、恵子さんは身体を大きくのけぞらせました。そして、オーガズムを迎えた恵子さんの身体は何度も何度も昇天していきます。

恵子さんのように、常に悶々としている女性の性エネルギーは身体の中に蓄積されていきます。自慰行為でも解消しきれない女性もいて、こうなるともはや、一般男性では対応できないレベルにあります。性感のプロによる溜まった性エネルギーの解放は、そのような女性の身体にとって必要なことだと思います。このとき女性は、理性が吹き飛び快感だけが身体を支配します。そして喘ぎ声は男性のように低くなる人が多いです。

男性の教科書であるＡＶでは、ＡＶ女優が「あんあん」という可愛いらしい声を出して演出しています。これが男性のような低い声で「オー」と喘いでいる姿をＡＶにしても、全然エロくないです。そのため、ＡＶに声の演出は必要なんだと思います。大好きな彼にそんな姿を見せられないと、感じることにブレーキをかけてしまっている女性も少なくありません。そのような意味でも、性の解放ができる女性の身体のプロは必要だと思います。しかし、女性をそこまで解放できる風俗セラピストは、お客さんの話を聞く限り一握りのようです。

恵子さんの性エネルギーは、１００人に１人のすごいエネルギー量でした。そのレベルの女性に施術する時は、こちらも気を張っていないと事故になります。

「事故？」と思うかもしれませんが、女性がオーガズムに達している最中、私が空いている手を無防備に開いてベッドに置いていると大変なことになります。理性が吹き飛んだ女性に指を掴まれた瞬間、曲げてはいけない方向に一気に曲げてくることがあります。私は一度指を折られそうになってからは、使っていない手はグーにして身を護っています。

また、オーガズムの最中に私の背中に回ったお客さんの手が、思いっきり爪を立てることも日常茶飯事です。理性から解放された女性の性は、男性の想像をはるかに超えたエネルギーとなります。そのため、女性の性エネルギーの解放は、身の危険を感じながらの真剣勝負なのです。

恵子さんは施術中、6回以上の強烈なオーガズムを迎えました。そして、私は彼女の性エネルギーが出尽くしたのを確認して手を止めます。それと同時に恵子さんはベッド上に倒れこみ、死んだかのように動きません。力尽きた恵子さんに布団をかけ、そのまま寝かして施術終了となりました。

オーガズムの台風通過

しばらくすると、恵子さんが、もそっと起き上がりました。

「おはよう」

添い寝をしていた私が声をかけると、「おはようございます。気持ちよすぎて、死にました」と、スッキリした声の恵子さん。

「体調どう？」

「すごく軽いです。あっムラムラしてない。むしろ清々しい気持ちです」

自分の身体の変化に驚いている彼女。

中イキオーガズムは、身体に蓄積・滞留した性エネルギーを台風のように吹き飛ばすことができます。中イキオーガズムの台風が通過した後の女性は、台風一過のように雲一つない快晴の穏やかな状態になります。このときの恵子さんの顔は、別人のようにとても穏やかになっていました。

施術を終えてから、恵子さんのその後が気になりました。翌日の夕方にメールを入れてみたところ、このような返事が届きました。

　柾木さん、昨日はありがとうございました。

　帰り道、駅の階段を上がるのも難儀するくらい体力がなくなっていて、驚きました。

なんとか家にたどり着き、家族の食事を作って横になったら、朝になっていました。(笑)

今日は身体も軽く、とても調子が良いです。今までが嘘だったかのように全くムラムラしていません。むしろスッキリしています。

それと、不思議なのですが、とても幸せな気分です。今なら、何をされても笑って許せるくらいに穏やかです。

さらに予想外のことがありました、お肌がツルツルなんです。

半年間悩み続けてきましたが、勇気を出して本当に良かったです。

年末のお忙しい中、ありがとうございました。

恵子

昔、イギリスの医療現場では女性のヒステリーを治すために電動バイブが使われていました。２０１１年に公開された映画『ヒステリア』にも出てくるのですが、性的欲求を満たすことで女性のヒステリーが解消するという実話をもとにしています。女性の性エネルギーを解放すると、幸せホルモンが分泌され多幸感に包まれる効果があります。女性が幸福感に包まれると、家族や周りのみんなをもハッピーな気持ちにさせることができるのではないでしょうか。

恵子さんのことで、一つだけ気になることがありました。あれだけの性エネルギーの持ち主だから、また溜まって以前のようにムラムラに悩まされるのではないだろうか？　その後、恵子さんからの連絡は途絶えていました。

気になって1カ月後にメールを入れてみたところ、あの日以降、ムラムラはピタリと止まり、心穏やかな日々になっているそうです。恵子さんの場合は、性欲とプライド・社会的秩序・固定観念の狭間で性エネルギーはさらに増大していたのではないかと推測します。

旦那の早漏に悩む

寛子さん（40歳）は、夫と週1回の間隔で性生活をしていました。にもかかわらず、寛子さんのムラムラは全く解消されることがなく悩んでいました。

パートナーがいるのに、ムラムラが解消されず悩んでいる女性はとても多いです。むしろ、性的に満たされている女性の方が少ないと思います。

寛子さん曰く、「主人は3分と持たずに、イッてしまうんです。そしていつも私はおいてきぼりです」とのことでした。

以前は、夫が時間をかけて性行為をしていました。それがあることをきっかけに、夫の行動が変わってしまったそうです。それは、挿入中に夫が中折れしたことでした。そのとき、夫は酷く落ち込んでいたそうです。その日以降、夫は勃起したらすぐに挿入するようになり、そしてすぐにイクようになったそうです。

私の男性としての考察ですが、中折れは男としてのプライドが傷つき、凹みます。中折れしてみじめな気持ちになるくらいなら、すぐにイッてしまった方がいいという気持ちになったのだと思います。また、寛子さんと夫との性行為に関してのコミュニケーション不足も感じます。お互いどう思っているのかを確かめ合う意思の疎通は、より良い性生活に欠かせません。

そのことを彼女に話したところ、「今まで感じている演技をしてきているので、それを覆すことになります。今更言えないです」と嘆いていました。

この「今更言えないです」という言葉も女性からよく耳にします。「性の話を彼とすると、演技をしていることがバレてしまうのではないだろうか?」という不安から、本音で話し合えなくなっている女性もいます。

初回の申し込み以降、寛子さんは2カ月に1回のペースで風俗を利用されています。寛子さんの中で、夫との性行為はお付き合い、自分の性はプロに委託するという流れができ上がっていました。女性は男性に、早漏のことを何も言わないかもしれません。しかし、女性が満たされていないことは事実です。

　また、寛子さんはこのようにも話していました。

「お金を払っているとはいえ、私の性に真剣に向き合ってくれる男性を経験してしまうと、主人にしてもらう意味がなくなりました」

　男性が思っている以上に、女性たちは満たされていません。「俺はテクニックがないから女性を感じさせることができない」との話もよく聞きます。しかし、女性が感じる場所や触り方は一人一人異なります。

　セラピストである私が一般男性と違うところは、観察力だと思います。力加減や触り方を変えながらその人の反応を見て、気持ちよい触り方を探しています。一番確実なのは、「どうしたら気持ちいいか」「どうして欲しいのか」について、直接女性に聞くことです。テクニックうんぬんよりも、男性の女性を満たそうという気持ちが何よりも大切です。どんなプロでも、大好きな男性との性行為にはかないません。なぜなら、女性の性は心と身体で感じるものなのですから。

第4章 感じない悩み・性交痛

悩んだ末の決断

「彼とセックスをしていても、何も感じないんです。入っている感覚はあります。でも、気持ちいいとは思えないんです。サイトや友人から『セックスは気持ちいい』という情報を耳にするたびに、寂しい気持ちになります」

そう語るのは、亜由美さん（32歳）。彼とはもう10年の付き合いになるそうです。

亜由美さんは彼と付き合い始めた時から、性行為の時間が退屈で辛いと感じていました。過去に、婦人科に相談したこともあったそうです。しかし、医師からは「膣内で感じなくても特に異常ではない」と言われただけで診察は終了してしまいました。インターネットで調べてみても、解決策は見当たらない。こんな自分の身体をどうにかすることはできないのだろうか？

悩んだ末、亜由美さんは「こうなったら、性行為に詳しい人に相談するしかない」と決意して、スナックのママをしている友人に相談しました。私がたまたまそのスナックの客だったため、ママからの紹介で、亜由美さんに会って話を聞くことになりました。

まだ早い時間帯の店内、私は亜由美さんと並んでカウンターに座り、彼女の話に耳を傾けました。他に客が誰もいない中、亜由美さんは恐る恐る、しかし意を決した様子で、自分の悩みを語り始めました。

「私、挿入されても、何も感じないんです。前戯の時間は、3分か5分くらいかな。彼は、ちょっと胸を触って、ツバをつけて挿入なので」

「ツバ？」

思わず私は聞き返しました。

「ええ。私、濡れにくいからしょうがないんだと思います」

明らかに、彼の前戯が足りない。亜由美さんが感じないのも無理はないでしょう。あなたのような悩みをお持ちの方はとても多いですよ、と伝えると、亜由美さんは安心した表情を浮かべました。

「そうなんですか！　私の身体がおかしいわけではないんですね」

私はポケットからスマホを取り出して、亜由美さんに、私のサロンのホームページに掲載している「女性の声」を読んでもらいました。自分の身体がおかしいわけではない、同じように悩んでいる人はたくさんいる、ということが改めて分かり、亜由美さんはほっとした様子でした。

30分ほど話した後、亜由美さんは真剣なまなざしで私を見て、ゆっくりと口を開きました。

「もしよかったら……一度、柾木さんに私の身体を診てもらっていいでしょうか？」

膣内が感じないことに気づいていない人は多い

日も暮れた19時。亜由美さんとの待ち合わせ場所である渋谷の１０９前は、金曜日ということもあり、仕事終わりの人でごった返していました。

予定時刻よりも早く、亜由美さんは待ち合わせ場所で待っていました。ベージュのスカートに緑色のシャツを着て、緊張した表情で立っているのが分かります。

「あっ、柾木さん。先日はありがとうございました」

亜由美さんは軽くご飯を済ませてきたとのことだったので、すぐにホテルに向かうことにしました。

二人で渋谷の街中を歩きながら、亜由美さんが質問してきました。

「診てもらう前に質問なんですが、彼氏や夫とのセックスでは感じない、という相談は多いんですか？」

「実は、感じないという相談自体は少ないんです。でも、膣内が感じないことに気づいていない人は多いんですよ」

そう私は答えました。

女性のうち、膣の中で感じている人は全体の４割くらいで、あとの６割の人は感じていないと思います。当サロンには、「中イキを経験したい」という女性がたくさん訪れますが、中イキを体験したいというニーズの裏には、多くの女性が膣に挿入されてもあまり気持ちよくない、と感じている現状があります。

感じていない膣は、膣の動きがないのですぐに分かります。多くの女性は、性行為で感じると、精子を取り込むために膣が勝手に収縮するようになります。中には、感じても動かない人もいますが、経験値を上げると動く膣になる人が多いです。

「膣が感じないことに気づかない……。なんだか、不思議ですね」

亜由美さんの顔がきょとんとしたのを見て、私は「続きはホテルに入ってからね」と言って、人で溢れる１０９の前を後にしました。

女性の身体は男性が育てるもの

渋谷駅から徒歩で10分ほど離れた坂を登りきったところにある、目的のホテルへ。少し古い感じはしますが、ゆったりとした空間で清潔感があります。女性への施術には時間がかかるので、長時間利用できるホテルは重宝します。幸いこのホテルは、亜由美さんにも好印象のようでした。

「さっきは人がたくさんいたので、ドキドキしながら話を聞いてました」と顔を赤らめる彼女。

「感じない人は6割と言ってましたが、そうなんですか?」

「感じないのが普通ですよ」

膣はそもそも産道なので、わざと感じにくくできています。その代わりに、女性の身体には8000以上の神経が集まっているクリトリスが存在しています。

膣内が感じている人の中にも、その気持ちよさが脳に伝わっていない人が3割くらいいます。身体は感じているのに、本人にその自覚がないのです。

私がこの仕事を始めた頃に出会った女性の中で、膣内に指を入れるとぎゅっと締まる人がいました。さぞかし気持ちいいのだろうと思い、「気持ちいい？」と聞くと「全然気持ちよくない」という返事が返ってきました。でも、こんなにも膣が感じて動いているのに、気持ちよくないわけがありません。きっと私をからかっているのか、恥ずかしくて気持ちいいと言えないのか、どちらかだろうと思っていました。しかし、他のお客さんでも全く同じことが起きたのです。そのとき、身体は感じていても、脳にその感覚が伝わらない人もいることを初めて知りました。

人間の身体は、感覚の全てを脳に伝えてはいません。全てを伝えてしまうと、脳がパンクしてしまいます。特に膣は産道なので、痛みが感じ難くなるよう初めから神経が鈍くできているそうです。その話を聞いて、亜由美さんは「感じないはずなのに、なんで感じる人がいるんですか？」と不思議そうに質問をしてきました。女性は経験とともに、自然と感覚が脳に繋がるのだと私は推測しています。

膣に指を挿入した際の反応には、４つのパターンがあります。

①　膣に気持ちいい感覚があり、膣が動く人

② 膣に気持ちいい感覚はあるけれど、膣は動かない人

③ 膣に挿入感（異物感）があるだけで気持ちよくはないけれど膣が動く人

④ 膣に挿入感（異物感）があるだけで膣も動かない人

長期的に関わっているお客さんを見てみると、女性の身体は徐々に①（膣に気持ちいい感覚があり、膣が動く人）へ変化していくことが分かります。多くの女性の身体は、経験とともに挿入による気持ちよさ・感度が出てくるわけです。しかし、男性本位の性行為しか経験がないと、女性の感度は上がらないままになります。

また、膣が動かない理由の一つに、女性が感じていないことが挙げられます。男性の強い触り方や短い前戯で、女性の感じるスイッチを入れられていないのです。私が、声が出ないことを悩んでいる女性の膣を触ると、あっさり声が出る人もいます。それは、ＴＶの電源スイッチを入れていないのに、ＴＶがつかないと嘆いているのに似ています。感じるスイッチが入っていないので、演技をしてスイッチが入ったふりをしている女性が多いのが現状です。

多くの感じない膣の悩みは、男性側の問題とも言い換えることができます。男性の知識不足によって生じる問題を、「自分の身体のせいだ」と責めてしまっている女性があまりにも

多いです。前戯の目的は膣内を濡らすことだけではありません。女性の感じるスイッチを入れる作業の方が女性の性行為にとっては大事になります。

本書を読んでドキッとした男性の皆さんは、前戯の時間を少し長くして、いつもの半分の力で彼女の頭を撫でるかのようにクリトリスを触り、その後膣口を指でじらしてみてください。膣口の指が膣に吸い込まれたら挿入ＯＫのサインです。それだけで女性の感度は上がり、膣への挿入感が変わる人が多いです。

女性が不快に感じない触り方を続けていけば、やがて膣に気持ちいい感覚が芽生えます。一方、痛い経験値はやがて膣に慢性的な痛みをもたらします。女性の膣の気持ちよさや慢性的な痛みは、これまでに性行為をした男性の影響を受けています。

膣の不思議

「柾木さん。私、気持ちよくなれると思いますか？」

亜由美さんにこう聞かれた私は、「一人一人違うのでなんとも言えません。でも、膣を触れば時間がかかるか短期間で感覚が出てくるかは、分かりますよ」とお答えました。

亜由美さんは、クリトリスや胸を触れば普通に感じることができ、自分で絶頂に達することもできる人でした。私の膣に感覚をつけるマッサージは、膣の感覚を引き出すために、感じる他の部位と感覚のない膣内を同時に触るマッサージになります。クリトリスでイケる女性であれば、膣に感覚をつけることは難しくないです。しかし、個人差があり一度の施術で感覚がつく人もいれば、５〜６回施術して感覚がつく人もいます。

一通り説明が終わると、準備のためにソファーから立ち上がる私。亜由美さんに、お風呂で温まりバスローブに着替えてもらうようにお願いしました。バスルームに向かう亜由美さんの背中からは「ダメだったらどうしよう」という不安と、「ここまで来たら、柾木さんに身を任せるしかない」という決意が感じ取れました。

亜由美さんがバスルームに行っている間に、大急ぎで施術の準備をします。アロマポットの灯りがゆらめく幻想的な空間の演出を短時間で行います。アロマの香りとゆったりとしたＢＧＭを用意し、部屋の灯りを落として亜由美さんの帰りを待ちます。

女性が感じるには、最初に心身の緊張を解く必要があります。時には、プラネタリウムを設置したり、お風呂にバスフラワーを浮かべ特別感を演出することもあります。

バスローブ姿で部屋に戻った亜由美さん、部屋の雰囲気が変わっていることに驚いた様子でした。そして、彼女は暗くなった部屋のソファーに座り、ろうそくのゆらめきにまどろんでいました。

素人時代の試行錯誤

「これからのことを説明しますね」

急いでシャワーを浴びてきた私が声をかけると、暗がりの中の亜由美さんがうなずいたのが分かりました。

「もみほぐしとオイルマッサージを行い、リラックスモードに入ってもらいます。このマッサージには、私の手と女性の身体を馴染ませ、身体の緊張を取る意味合いもあるんです」

「手が馴染んで緊張が取れた頃に、触り方を変えて身体全体を触っていきます。そして身体が感じるモードになったら、膣の施術へと移行していきますね」

暗がりの中でも、彼女が私の説明を真剣に聞いているのが分かります。

亜由美さんの手を取りベッドへ誘導します。

「ベッドの上でうつ伏せになって下さい」

そう伝えるとバスローブの上から、背中を優しく揉みほぐす私。

「強さの加減はどうですか？」

「とても気持ちいいです」

彼女の身体が、マッサージを受けながら段々とリラックスしていくのが分かります。

「……柾木さんは、どうして感じにくい人の施術をしているんですか？」

とろんとした声で、亜由美さんから質問がありました。

「私がまだ素人だった時に、感じにくいことを悩んでいる女性と出会ったことがきっかけだったんです」

当時の私は、素人ながらにテクニックには自信がありました。意気揚々《いきようよう》と「僕に任せて！」と伝え、感じにくいことを悩んでいる女性とラブホテルに行きました。しかし、実際に彼女の身体を触ってみたところ、どこを触っても反応はありません。3時間かけましたが、結局彼女を感じさせることができませんでした。その結果、さらに彼女を落ち込ませてしまったんです。そのことがきっかけで、女性の身体のことや感じさせるための方法を勉強し、試行錯誤していくうちに、成功体験が増えていきました。

「中には、膣にクセがついてる女性もいます」

「クセですか？」と不思議そうに質問をする亜由美さん。

「挿入で届かない場所に、感じるポイントができている女性がしばしばいます。例えば長いバイブを使い続けた結果、指や男性器が届かない膣の奥に感じるポイントができている人。彼の男性器が標準よりも長い女性も同様に奥に感じるポイントができていることもあります。結果、新しい彼との性行為で感じないと悩まれる女性もいます」

「そういう人も感じられるようになるんですか？」

亜由美さんが興味津々に口を開きました。

「その場合は、膣の手前に新しく、感じるポイントを作るんです」

「へー！」、思わず身を起こす彼女。

「中には大人の玩具（バイブレーター等）の刺激でしか感じない身体になっている人もいます。そのときは愛用の玩具を持参してもらって、振動や動きを真似して試行錯誤をしていきます。多分、亜由美さんの身体だったら１～２回の施術で膣に感覚を作ることができると思うよ」

そう答えると、亜由美さんはにっこりして、またうつ伏せに戻っていきました。

膣の感覚施術

おしゃべりをしながらのもみほぐしが終わり、施術はオイルマッサージに入ります。亜由美さんの背中にアロマオイルがポタポタと垂らされている様子が、妖艶な雰囲気を醸し出します。今、亜由美さんの感覚は、私の指先の動きだけに集中しています。

「……柾木さん、上手ですね」

くぐもった声でつぶやく亜由美さん。私は「オイルマッサージの学校に行ってちゃんと習ったからね。オイルマッサージと性感の相性はとても良くて、違和感なく性感に入れるんです」と答えました。

ここからは、亜由美さんの身体をもてあそぶかのように指を行ったり来たりさせ、性感帯マッサージへと移行します。

「う、あん……」

亜由美さんの吐息がもれます。

その状態を数十分続けた後、いよいよここから本題である膣の中に指を入れていきます。

「ピンポイントで刺激をするので、ムズムズする感覚があったら教えて下さい」と亜由美さんに伝え、指を動かす私。感覚を確かめながら、指先で膣の内部をマッサージしていきます。まだ、亜由美さんの膣は感覚が0でした。

「やっぱり私の身体、変なんですね」と、不安そうな亜由美さん。

私は彼女を安心させるために、「それが普通ですから、大丈夫ですよ」と声をかけます。

続いて、膣に感じる場所を作るマッサージに入ります。クリトリスの気持ちよさを、膣内に持っていくためのマッサージです。クリトリスと、膣内のクリトリスの裏側になる部分を同時に刺激していきます。この状態を30分～1時間くらい続けていきながら、脳に膣の感覚とクリトリスの感覚を錯覚させて、膣内が気持ちいいと思わせます。

「ここからは海の上に漂っている気持ちで、ゆったりとしていてください」

亜由美さんのクリトリスはいい反応をしているので一回で感覚ができるだろう、と私は読みました。

私が黙々とマッサージをしている間、亜由美さんはただゆったりとクリトリスの気持ちよさを感じていました。

「柾木さん、なんか中がムズムズしてきました……」

亜由美さんの身体に変化が出てきました。

「そのムズムズ感が、気持ちよくなる前兆です。このまま続けるから、辛かったら言って下さいね」

彼女にそう伝えると、私は左手で彼女の胸を触り、右手の人差し指は膣の中に入れ、親指でクリトリスを皮の上から優しく愛撫し続けました。

「あっ、気持ちいいかも……」と思わず亜由美さんが声をもらします。

「あっ、あっ……柾木さん、気持ちいいよー」

よかった、一回のマッサージで亜由美さんの膣に気持ちいい感覚がつきました。亜由美さんは自慰行為を定期的にしていたこともあり、感度がとても良い人でした。この後、性行為経験を重ねていけば、どんどん気持ちよさが深くなっていきます。

女性の身体は、触られることで感度が上がっていきます。

「今回の施術で亜由美さんの身体の感度は一気に上がりました。後は、彼に少し長めに前戯をしてもらえるといいのですが」

そう伝えると、亜由美さんは「彼に言える自信はないけど、頑張ってみます」と、笑顔で返してくれました。

電気自動車と蒸気機関車

今回の亜由美さんのようなケースは、私のお客さんによくある話です。今の日本では、女性の性に対する、男性の間違った認識が蔓延しています。

例えば、女性には性欲がないと思っている男性も少なくありません。女性にも男性と同じ、またはそれ以上の性欲があります。また、女性器が濡れると、挿入ＯＫと思っている男性は多いです。しかし、女性は膣を護るために防衛本能で濡れることもあります。女性が挿入で感じるには、先に話したように、しっかりと前戯を行うことが必要です。

男性の性と女性の性の違いを乗り物でたとえると、男性は電気自動車、女性は蒸気機関車のイメージです。電気自動車はスイッチ入れるとすぐに高速で走りだしますが、長時間は走れません。一方、蒸気機関車は水を貯め、石炭を燃やし、水をお湯にして、蒸気が出て初めてゆっくり動きだします。そして一度動いたら、長い時間走り続けることができます。男性は電気自動車の感覚で、蒸気機関車を動かそうとするから失敗するのです。その根本的な違いを知るだけでも、男性の対応は変わると思います。

男性の性の知識不足のしわ寄せが、女性が満足できないことに繋がっています。さらに視野を広げて見ていくと、それは日本が抱えている社会問題にも繋がっていきます。

人生を変えてしまう性交痛

性交痛は、その女性の人生をも変えてしまう可能性があります。

唯さん（35歳・独身）から届いたメールは、このような内容でした。


2年前、彼と別れることになった理由はセックスができない、それだけではありません。ですが、そのことでギクシャクしていたことも事実です。

彼は、ローションを使ったりと色々試してくれました。でも、私にとってセックスは拷問の時間でした。痛みを我慢して挿入できても、少しでも動かされると激痛が走ります。

そのため、私が痛みに耐えきれなく、きちんと挿入することはできませんでした。

挿入ができないと、彼に対して申し訳ない気持ちでいっぱいになります。

彼と別れた後、もう二度と彼氏は作らない、一生独身でいいと決めました。そう思うことで、セックスは私とは関係ないものと思いたかったのかもしれません。そのおかげで、彼と別れてからは平穏な生活を送れていました。

それが、今ある男性からお付き合いを申し込まれてしまい迷っています。

もう彼氏は作らないと決めたのに。もう一人の自分が、独りでは寂しい、子供を産んでお母さんになりたいと思っています。年齢的にも最後のチャンスかもしれないです。

先日、婦人科に行って性交痛を診てもらったのですが、特に異常はないと言われ、潤滑剤を処方されただけでした。

「やっぱり、私には無理なんだろうな」と途方に暮れていました。

そのとき偶然、柾木さんのホームページの、膣マッサージで性交痛が改善した人の感想を拝見しました。今回、藁をも掴む思いでご連絡させていただきます。

私も挿入できる身体になりたいです。

どうかよろしくお願いいたします。

唯

このメールをいただいた時、とにかくなんとかしてあげたい！　という使命感のようなものを覚えました。そして、このような返信を書きました。

唯さんへ
この度はご連絡ありがとうございます。辛い思いをずっとされてきたんですね。

唯さんのように、挿入できなくて悩まれている女性からの依頼はとても多いです。

性行為ができないということが、その女性にとってどれだけ自己肯定感を下げてしまう出来事か、計り知れません。

私は医者ではありません、ただの整体師です。

マッサージ師として、私にできることでお役に立てましたら幸いです。　　柾木

挿入できない理由

新宿は、梅雨が明けて一気に夏になっていました。午前9時、愛媛県から夜行バスで到着

した唯さんと、バスタ新宿にて待ち合わせをします。白いTシャツとジーンズ姿の彼女がバスタ新宿の待合室にいました。

「こんにちは唯さん、はるばる東京までありがとうございます」

愛媛県から15時間かけて来た彼女。長旅にもかかわらず特段疲れた様子もなく、「はい、今日はよろしくお願いします」と深々お辞儀をされました。唯さんのように、膣の悩みを抱えて遠方から来る女性も少なくありません。

早速ホテルに着き、テーブルに向かい合わせとなる私と唯さん。

「今まで、何人の男性とお付き合いしましたか？」と紅茶を飲みながら話をする私。

「先日、別れた彼だけです」

初体験の時も痛い経験をしたのだろうと想像しながら、

「初体験、さぞかし痛かったでしょう？」と聞いてみました。

すると、唯さんから意外な答えが返ってきました。

「初めての時は……痛かったけど、挿入はできたんです」

「うん？　最初はできていた？　初めての時の方が濡れていなかったり、処女膜があったりと痛みの要素が強いんだけど……」

それが途中からできなくなったということは、いったい彼女の身体に何があったのだろう？　と不思議に思いました。

「できなくなった理由があるのかな……？」

私の問いを聞いて、唇を噛みしめるように、うなずく唯さん。

唯さんの話によると、最初はヒリヒリする程度だったのが、あるとき、彼が後背位で激しく挿入してきて、膣奥に激痛を感じたそうです。このとき彼女は息を殺して、激痛を耐え忍んでいました。

以来、唯さんは挿入されると膣奥に痛みを感じるようになっていました。彼女は痛みでゆがんだ顔を腕で隠し、我慢し続けました。そしてあるとき、彼の激しい挿入が止まった瞬間にさらなる激痛が走り、お腹を抱えてうずくまってしまいました。それからは、激痛が怖くて無意識に股を閉じるようになってしまったそうです。

「彼が、色々と頑張ってくれたのに」

「私、挿入ができない、つまらない女なんです」と言った瞬間、唯さんは顔をくしゃくしゃにして泣き始めてしまいました。

「辛かったね、頑張ったね」

私は泣きじゃくる唯さんを抱きしめて「大丈夫、大丈夫」と言いながら、しばらくそのまま彼女が落ち着くのを待ちました。

性交痛の問題は、女性器だけを診ても問題の全体像が分からないことが多いです。女性の身体の問題だけでなく、男性器のサイズや前戯の時間や性行為自体にも原因が隠れています。そのため、ヒアリングは性交痛改善のためにも重要です。

私はいつも、痛みの原因を推理小説のように本人の会話からも探しています。女性の身体だけが性交痛の原因ではないことが、医療で対応しにくい要素にもなっています。

最後の砦

私は唯さんに、平静を装って大丈夫、大丈夫と言っていました。しかし、内心は私のスキルで対応できるのだろうか？　と一抹の不安を感じていました。昔経験した、感じさせることができずに玉砕したトラウマがよみがえります。今でこそ、経験値から大概のことでは動じなくなりました。しかし、唯さんにお会いしたこの頃は、まだまだ必死でした。私は彼女の最後の砦なのですから。

さて、唯さんの身体にいったい何が起きているのでしょうか？

彼女が恐怖心に囚われているのは明白でした。どうやってその恐怖心を取り除くかが問題です。心を許している彼に対してでも、身体がこわばってしまう唯さん。そのうえ初めて会った私と密室で二人きり、そして無防備な裸になっているという状態。あれこれ思いをめぐらせながら施術の準備をしていると、バスローブに身を包んだ唯さんが戻ってきました。

「怖いよね」と、私は唯さんの気持ちを聞いてみました。

すると彼女は真剣なまなざしで、「怖いけど、柾木さんは希望の灯《ひ》なんです。私の身体を柾木さんに委ねます」と語りました。私は、さらにひしひしと責任の重みを感じていました。

早速、唯さんにうつ伏せになってもらい施術を開始します。もみほぐしマッサージをいつもよりも入念に行い、身体のこわばりを取り除く私。その後のオイルマッサージでは、彼女の股が閉じることはありませんでした。

さて、ここからの施術に身体がどう反応するか？　仰向けになっている唯さんの太ももに手を触れると、今度は股が閉じてきました。私は閉じた太ももの間に手を添えたまま、彼女と世間話をして気をそらします。

股が閉じるのは拒絶の証です。彼女の痛い、怖いという思いを取り除かなければいけません。私は試行錯誤したものの、彼女の閉じた股を開かせることはできませんでした。唯さんの目標を達成するためには、まず恐怖心を取り除かないと膣までたどり着けません。そのためには、施術の回数が必要になってしまう旨を彼女に伝えました。

「解決できるのなら、何度でも東京に通います！　柾木さんは、私にとって唯一の希望の灯なんです。私を見捨てないで下さい」

そう訴える、唯さんの目からはたくさんの涙がこぼれていました。

肌と肌のスキンシップ

唯さんは月に一度のペースで、東京に来られるようになりました。

2回目の施術は、彼女の身体に私の手を受け入れてもらうことを目的に行いました。マッサージを中心に、股の間に手を添えるということを繰り返します。

3回目の施術、この日は股の力みがなく手を添えても、股は閉じませんでした。やっと私を、唯さんの身体が受け入れてくれたようでした。

さてここからは、たっぷりとローションをつけた指で膣口を撫《な》でながら、指と膣口のスキンシップをしていきます。20分くらい膣口に指を馴染ませた後、人差し指をゆっくり挿入していきます。しかし、彼女の膣口は、貝のように硬く閉じていました。それは何者であってもここを通さないという身体からの意思表示であり、まるで門番がいるかのようでした。

そして季節が秋から冬に変わろうとしていた4回目の施術時に、変化が訪れました。私は、彼女の貝のように閉じた膣口に人差し指を置いてそのまま30分添え続けました。閉じた膣口にローションのついた指を行ったり来たりさせていると、膣口の緊張がなくなったのです。

「あっ、開いた！」

唯さんの膣口の封印は解けて、小指の先が入りました。

「やったあ！」と声を出して喜ぶ二人。

この日を境に、膣口に触れても閉じることはありませんでした。ローションをたっぷりつけた人差し指を挿入しても膣口は閉じません。

しかし、膣奥の子宮口周辺は触れると痛みを感じていました。子宮口に軽く触れてみると、触れた瞬間、彼女に刺すような痛みが現れます。唯さんの膣奥の感覚が、痛い感覚に支配されています。ここが痛みの発生源となっていました。

出産経験のない人の子宮口は、軽く触れただけで痛みを感じることがあります。唯さんの場合、触れただけでも痛い子宮口を長時間男性器で激しく突き上げられ、それが激痛になっていました。彼女はそれを我慢してきたために、身体が拒絶をするようになっていました。

ようやく唯さんの痛みの原因が判明しました。ここからは膣内の感覚を上書きしていきます。まず初めに、気持ちいい感覚の部位を刺激します。それと同時に痛みのある膣奥を、気持ちいい感覚を越えない強さでマッサージしていきます。その作業を根気よく続けていくと、あるとき、感覚が脳に上書きされていきます。微妙な加減で膣内をマッサージしていくと、痛い感覚が気持ちいい感覚へと変わっていくのです。一度で感覚が改善する人もいれば、何度もマッサージを行わないと改善しない人もいます。

性交痛改善は肩こりに似ている

性交痛は、女性の年齢によっても原因が異なります。私が色々な女性の身体に触れてきて感じたのは、骨盤周りの筋肉・筋のこわばりや血流の悪さが、痛みを誘発しているケースが少なくないことです。肩こりの改善のようにマッサージで改善する性交痛も存在します。

他にも、男性の前戯の時間の短さが性交痛の要因になっていることもあります。女性の受け入れ態勢ができていない状態での挿入は、痛みを伴うことが多いです。特に、濡れにくい人や閉経した女性は、時間をかけて膣の受け入れ態勢を整えてあげる必要があります。

また、20代前半女性の痛みの要因は、処女膜に起因していることが多いです。挿入した時に、女性から「痛い！」と言われて途中で止めてしまったり、次回も同様に途中で止めてしまうことを続けた結果、処女膜が綺麗に取れず残ります。残った処女膜は硬くなり、挿入時に擦れて痛みを誘発している女性もいます。

今まで色々な女性の身体に触れてきた経験から、膣の痛みには次のような原因が挙げられます。

① 処女膜がらみ（硬い処女膜・膣口に残った処女膜）
② 骨盤周りの筋肉・靭帯等の硬さ
③ 挿入時の男性器による痛み（長い・太い・動きが激しい等）
④ 膣内の手術後の痛み
⑤ 子宮内膜症・子宮頸がん等の病気
⑥ 性病

⑦触れると痛みを感じる子宮口に男性器が当たる
⑧濡れにくい
⑨骨盤のゆがみ
⑩血流の悪さ
⑪食生活の偏り
⑫なんらかの要因で、膣に痛いという感覚が作られている
⑬閉経による女性ホルモンの減少
⑭身体の快感スイッチが入り難い
⑮痛いという脳の固定観念（思い込み）

経験値の少ない処女膜がらみの性交痛は、一度の施術で改善する女性も少なくありません。

一方、改善に時間が必要な性交痛は、先ほどの唯さんのように痛みを何年も我慢してきた女性に見られるものです。そのような女性は、痛みが脳に刷り込まれ固定観念になっています。

拷問のような挿入行為に耐え忍び、痛いのに感じている演技をしている女性も少なくありません。

パートナーに電動マッサージ機を毎回長時間押し当てられ、クリトリスに触れることすらできなくなっている女性器の人もいます。その彼女は今でも拷問に耐え忍んでいます。「なぜ嫌と言えないのか」と彼女に尋ねると、「私を気持ちよくさせようとしてくれているのに言えません」という答えが返ってきました。こうした女性の心理は、演技をしてしまう女性と同じものなのではないでしょうか。

膣に気持ちいい感覚がある女性は、「性行為が楽しい」と語ります。反対に、性行為はあまり好きではないという話を聞くたびに、膣が感じていない・もしくは挿入時に痛みを伴っているのかな？　と想像してしまいます。

第5章　セックスレスの夫婦たち

私の性はプロにお願いします

女性向け風俗のお客さんの中には、結婚2年以内の人もいます。最初は、なぜ結婚間もない女性が風俗を利用するのか不思議でした。しかし、私の経験人数が増えるにつれ、彼女たちが抱えている二つの傾向が見えてきました。

凛さん（29歳）は結婚2年目で、夫は一回り年上の41歳。夫は営業職で帰宅はいつも遅い時間です。一方の凛さんも会社に勤めており、毎日19時に帰宅する生活をしていました。先に帰宅した凛さんが家事全般を行い、料理ができ上がった22時頃に夫が帰宅となります。二人の生活は上手くリズムが合っていました。

夫は、凛さんが晩ご飯の片付けをしている間にお風呂に入り、その後TVを見ながらうたたねをするのが至福の時となっていました。凛さんは夫の後ろ姿を見ながら、一緒に生活できるだけで嬉しく思っていました。

しかし結婚2年目に入った頃から、凛さんはその生活に不満を感じるようになっていました。夫は疲れているからと、性生活は月に1回と激減していました。凛さんの欲求不満は日に日に増し、満たされない気持ちと切なさを感じるようになっていきます。そんな中、ネットで女性向けＡＶを検索している際に偶然、私のホームページにたどり着いたそうです。そのときの気持ちを、彼女はこのように話してくれました。

「初めのうちは、彼の仕事が大変だからと思えていました。でも、リクエストして『疲れてるから寝かしてくれ』と言われるたびに、なんだか私が性欲女みたいで悲しくなってきたんです。そのうち彼に求めるのは無駄なことと思うようになり、もう私から誘うことは止めました。そしたら、もう半年音沙汰がありません」

鼻息が荒くなる凛さん。

「結婚2年目でそれは辛いよね」

「理想と現実のギャップを感じます。きっとこのまま彼とのセックスはなくなるんだと思います。結婚したら、もっとイチャイチャできると思っていたのに……。彼、子供はいらないと言っているから尚更する理由がないんです」

凛さんは寂しそうに話してくれました。

「凛さんは子供が欲しいんだね」

「はい欲しいです。でも子供が産めなくても夫のことは大好きで、ずっと一緒にいたいと思っています。だから私、決めたんです。私の性は、プロにお金を払ってお願いするという選択肢に。その方が、私も彼もギクシャクしないで上手くおさまると思います」

その話を聞いた私は、無性に尋ねてみたいことがありました。

「背徳感はないの？」

「ないわけではないです。けれど、彼にそれを求められないのだから仕方ないんです」

そう語る凛さんを見ていると、吹っ切れたようにも感じられました。

凛さんが最初に風俗を利用した時は、今までの欲求不満が溜まっていました。２週間に一度のペースで溜まった性欲を発散する凛さん。そして３カ月が経つ頃には、彼女のペースは１カ月に一度に落ち着いていました。

あるとき私は、彼女に質問をしてみました。

「凛さん、私に性を外注するようになって何か変わりましたか？」

少し考えてから、凛さんは口を開きました。

「彼への割り切りがしっかりできるようになりました。イライラすることもなくなり、彼とも良い関係が築けています」

「そうなんですね」

その返事を聞いて少し安心した私。

「柾木さん、私の身体をこれからもずっとよろしくお願いします」

そう話す凛さんは、素敵な笑顔になっていました。

女性が本来の女性として生きていくために、性が満たされていることは大事なことだと、凛さんを通して考えさせられました。

凛さんのように夫が淡白で、その代わりに女性向け風俗に性を外注する女性も増えています。妻から性の部分が切り離されていることは、当然夫は知らない話です。私はその外注先として、同じ男として複雑な気持ちになります。しかし、「性を外注したことで家族に優しくなれました」と、語られる女性が多いのも事実です。「外注先」があるから、離婚をしないで済んでいる夫婦も存在しているはずです。

性の外食時代

インターネットの普及により、男女関係なく、たくさんの人と繋がれる時代に変わりました。昭和の頃は、一つの会社に人生をささげる終身雇用の時代でした。そして夫婦関係は亭主関白、妻は三歩下がって夫を立てるのが常識でした。言い換えれば、女性の立場が低い時代でした。

その後時代は変わり、女性の立場は様々な分野で男性と対等になってきています。遅れていた性の部分も、美味しい料理を楽しむように、女性も性を楽しむ時代に変革しだしています。

例えば、妻が毎食インスタントラーメンしか作らなかったとしたら、夫は手の込んだ食事を食べたくなりませんか？　性に無頓着な男性が女性に提供する性行為とは、まさにそのインスタントラーメンなのではないでしょうか。男たちがそのことに気づかないと、「セックスは外注」という選択肢をとる女性は益々増えていくでしょう。女性向け風俗は、女性の性の解放と男性の草食化のギャップを埋める存在として、その役割が今後も重要になっていくはずです。

ただし、結果的に外注を選んだ女性たちも、最初から外注を考えていたわけではありません。当初はパートナーとのギャップを埋めようとしています。本当は彼に担ってもらいたいのに、外注という選択肢をとらざるを得ない女性たちも多く存在しています。

私がまだ素人だった頃、「セックスの上手い男性はモテる」と男性向け雑誌に書いてあるのを見て「そのように思うのはごく一部の女性だけだろう」と考えていました。しかし、その言葉は本当でした。夫との性行為で何も感じずに終わっている女性は非常に多いです。確かにその夫婦はセックスレスではないけれど、女性の心理的にはセックスレスと変わりません。

セックスのない若夫婦たち

以前、当サロンで「利用料金・総額５０００円」というキャンペーンを行ったところ、たくさんの申し込みがありました。特に20代・30代前半の専業主婦の方からの依頼が多かったです。彼女たちに話を聞いてみると、「以前から興味を持っていたけれど、家計的にそんな贅沢なことはできなくて諦めていました」と話してくれました。

「子供ができるまでは、３日に一度はありました。でも、子供ができてからセックスレスになってしまいました」と、寂しそうに語るサチさん（27歳・既婚者）。当日は、３歳になるお子さんを実家に預けてきたそうです。

サチさんの身体からは、まだしっかりと母乳が出ていました。

「夫はそのことも知らないんだろうな」と思うと、同じ男性として複雑な気持ちになります。彼女に、「背徳感はないですか？」と聞いてみたところ、「あるけれど、それとこれは別なんです」との答えが返ってきました。

「それとこれは別」、多くの女性からその言葉を聞きます。

サチさんは「今回、風俗を利用したのをきっかけに、セフレを探します」との言葉を残して、渋谷の街を後にしていきました。

結婚して一度もしない夫婦

結婚して一度も、性行為がない女性の利用もしばしばあります。彼女たちは「結婚前はなくても、結婚したら当然あると思っていました」と、口を揃えて語ります。

「性行為ができないと分かっていたら、結婚しなかったです」と語るのは、志保さん（30歳）。夫とは共通の友人を通して知り合い、のんびりとした雰囲気に癒され、惹かれていったそうです。結婚前に一度だけ、二人で温泉旅行に行ったことがありました。しかし、そこでは何も起こりませんでした。志保さんは、「Hは結婚するまで大事にとっておくのかな」

と思っていたそうです。

そして半年後、二人は結婚することになります。新婚旅行は、ハワイです。

志保さんは、ハワイでの夜に胸を躍らせていました。しかし、そんな彼女の思いとは裏腹に、夫は「明日も早いよ」と言ってすぐに寝てしまったそうです。翌日も先に寝てしまい、結局、新婚旅行中に何も起こりませんでした。

こうなると、彼女の頭の中は不信感でいっぱいです。彼は私に興味がないのではないだろうか？　彼のあそこに何か問題があるのだろうか？　悪い考えが次々と頭をよぎります。

「彼のことは好きだけど、なぜしないのかはもう怖くて聞けないです」と困惑されていました。また、「子供が産めるかも分かりません」と結婚を後悔している様子もありました。

夫婦にとって、セックスレスは子づくりにも関係してくる大事な問題です。「結婚前に彼の家族の将来像を聞いておけばよかった」と、志保さんがしみじみ嘆いていたのが印象的でした。

「独身時代に手を出してこない男性は何かあると疑った方がいい」という教訓を話してくれた人もいました。

多くの女性たちが口を揃えて語ってくれることがあります。それは「結婚するにあたってセックスの相性はとても大事」ということです。自分に性欲がないので、妻にもないと思っている男性も少なくありません。

実は私も、女性の性欲は男性に対するお付き合い程度のものだと思っていました。私自身が以前は、女性の性に対してＡＶの知識しかない男性だったことを踏まえて、男性たちに伝えたいのは「多くの女性は、男性が想像するよりも性行為を大切に捉えています」ということです。

感じる身体にしてください

女性向け風俗は、夫や彼と定期的に性生活をしている女性の利用もあります。パートナーがいるのになぜ？　と思われる人も多いのではないでしょうか？

真美さん（40代前半・専業主婦）は、夫（40代前半）と結婚して15年になります。ご近所からは、仲の良いおしどり夫婦と呼ばれているそうです。性生活も毎週末あり、恋人のように仲良く暮らしています。

今回のお客さんは、そのおしどり夫婦の真美さんです。彼女には、夫に対して深刻な悩みがありました。

「夫とのセックスが全然気持ちよくないんです。結婚前に付き合っていた人とは気持ちよかったのに、夫とはダメなんです。どうか夫と楽しくセックスできる身体にしてもらえないでしょうか？　今まで、夫が満たされればそれでいいと思ってきました。それが、年齢が進むにつれ、私も満たされたいとの思いが強くなってしまいました。たまたま、こちらのホームページを拝見し、もしかしたら主人とも気持ちよくなれるのでは？　と思いご連絡いたしました」

実際、彼女のような相談は多いです。男性のスキル不足を自分の感度を上げることで補いたい、と話す彼女たちは、決して難しい注文をしているわけではありません。

男性の問題点としては、次のような項目が挙げられます。

①　触り方がきつい・強い
②　的外れな場所を触る
③　前戯の時間が短い
④　まだ挿入して欲しい気持ちになっていないのに挿入してくる

⑤　男性が自分だけ楽しんでいる
⑥　自分勝手
⑦　激しすぎる
⑧　性行為が単調
⑨　色々して欲しいのに、正常位しかしない
⑩　舐めさせておいて、自分は舐めない
⑪　挿入時間が短い
⑫　自分がイッたら、終わりにする
⑬　雑

また、ＡＶを忠実に再現し、激しく膣内を触る男性も多いです。

大阪出張施術

真美さんとの待ち合わせ場所は、大阪駅のグランフロント大阪前です。

　私は年に数回、札幌・名古屋・大阪・福岡で出張施術をしています。特に大阪はリピーターさんも多く、年に3回くらい2泊3日で訪阪していました。

　真美さんは、笑顔の素敵な女性です。待ち合わせ場所からラブホテルまでの15分の道のりを、話しながら歩いていきます。彼女は堂々と昼間からこのホテル街を歩いて大丈夫なのだろうかと、私の方が不安になります。

「真美さん、この道は人が多いけれど大丈夫？」

「大丈夫だと思います。私の住まい、和歌山なので」

だから変装もせず堂々としていたのかと納得しました。既婚者のお客さんの場合、待ち合わせの場面では、約3割が、サングラスや帽子やマスクで変装をしています。3割しか変装していないんだ！　と思いますよね。変装をしていない既婚者のお客さん数名に、「知り合いにバレるかもしれない、という不安はありませんか？」と聞いてみたところ、「お願いする場所を、生活圏外にしています」という返事が多かったです。

　私は一度、ラブホテルのフロントで友人の母親とすれ違ったことがあります。幸い彼女はこちらに気が付かなかったようなので、そのことは私の胸の内だけに秘めています。

　ホテル街の中心にあるホテルに入る私と真美さん。彼女は、全く緊張している様子がありませんでした。

「それでは、早速アンケートを記入してもらいますね」

そう伝えながら鞄から事前アンケートを取り出し、真美さんに渡します。

「アンケートには、かなり突っ込んだ質問もあります。答えにくかったら無記入で構いません」

うなずきながら、受け取ったアンケートを食い入るように見ている彼女。

ちょうど、お風呂の用意ができた頃に、真美さんの記入が終わりました。綺麗な字で記入されたアンケートから推測するに、特に彼女の身体に問題があるわけではなさそうでした。

そして、真美さんの身体を触ってみると、結婚前は感じていただけあって普通に感じる身体でした。ただ、触り方によっては感じるスイッチが入りにくいようで、彼女の身体は、最初は触れるか触れないかのソフトタッチが好ましいことが分かりました。感じるスイッチが入った後は強めの触り方でも大丈夫な身体です。夫が、初期の触り方を変えてくれたら解決する問題でした。

そのことを伝えると真美さんは「今更、言えないです」と困り顔になりました。性生活は、男女二人の問題です。しかし、女性側だけでできる解決策を探さないといけないのが現状です。そのためには、彼女の感度を上げるしかありません。真美さんの身体を、初期から強めに触っても感じる身体に調整していきます。

本人とは別の意思

施術から2週間が経った頃、真美さんからメールが届きました。


その節は大変お世話になりました。

あの後、夫との性行為で気持ちよくなることができました。柾木さんが言われたように、夫でも大丈夫な身体になっていました。

夫と、あんなに盛り上がったのは初めてでした。夫とさらに絆が深められました。

柾木さんのお仕事は、素敵なお仕事ですね。

これからもたくさんの人の力になってあげてください。陰ながら応援しています。

この度は本当にありがとうございました。

真美さんの場合は、感じるスイッチが入るのに少し時間がかかることと、触り方が強いと感じるモードに入りにくいことが要因でした。彼女の身体の感度を上げたことで、前記の二つの問題が軽減されました。そして、夫が前戯に興味を持ってくれるようになり、前戯に時間をかけるようになったのが良かったと思います。

私は、本人も知らない身体の特徴やスイッチの入りやすい方法など、身体の情報をなるべくお伝えするようにしています。風俗というと性的好奇心を満たす存在と思われがちですが、整体師等の技術系の人がセラピストをしている女性向け風俗においては違う側面も持っています。女性の感度が上がると膣の締まりも良くなり、結果として男性自身も気持ちよい挿入が体感できることを、多くの男性は知りません。

以前、男性だけの飲み会で、「ナンパした女性のあそこが緩い」という話題になったことがありました。心の中で、「それは、自分が女性を感じさせる性行為ができていないことを公言しているのと同じなのでは？」と思いながら聞いていました。

中には骨盤底筋が強くて、感じていなくても入り口の締め付けが強い人はいます。しかし、感じている時の収縮では膣全体が生き物のように動きます。たくさんの膣に触れてきて、思うことがあります。女性の膣には本人の意思とは別の意思が存在しているのではないだろうか、と。

「セックスは退屈な時間」

千織さん（25歳）は、「性行為は退屈な時間」と話していました。彼と性行為をしても何も感じないため、挿入の最中は天井を眺めながら「退屈だなあ、早く終わらないかなー」と思っているそうです。

「彼が終わった後に、ベッドの中でイチャイチャする方が挿入よりも好き」と、率直な感想を教えてくれました。

千織さんのような、終わった後の方が好きという言葉をＳＮＳ上でよく見かけます。女性にとって、性行為の最中に抱く幸福感と終わった後に抱く幸福感は、別物だと感じます。性行為よりも終わった後のいちゃいちゃが好きという女性は、本当に楽しい性行為ができていないのでは？　と想像します。

性行為は退屈な時間と思っている女性は多いです。性交痛の女性よりも、何十倍も多いです。私の経験上、３分の１の女性は退屈な時間と思っているのではないでしょうか。その退屈な時間を楽しい時間にできる男性を、女性たちは求めています。男性の視点を、「女性を楽しませる」という視点に切り替える時が来ていることを痛切に感じます。

千織さんは、「クリトリスも感じない」と話していました。クリトリスは感じるための感覚器官という説がありますが、それなのに感じないと悩まれている女性からの相談もしばしば入ります。

私の経験上、感じないことに関して二つの要因があります。一つは、性欲を感じることを妨げている心理的な障壁がある人。もう一つは、クリトリスが感じすぎてしまっている人です。

不感症と思われていた女性のクリトリスが、感じすぎて感覚が分からなくなっていることに起因するケースもあります。千織さんも、感じすぎているタイプでした。感じすぎる人には、超ソフトタッチで触っても刺激が強すぎるので、クリトリス周辺を刺激したり、折りたたんだハンカチを置いてその上から刺激したりします。「感じないのではなく、感じすぎているというのが分かっただけでも気が軽くなりました」と語る人も多いです。

大誤算のカップルコース

私の使っている手技をカップルに伝えて、そのカップルがさらにハッピーになったら嬉しい。そんな思いから、カップル向けのコースを開設したことがありました。

しかし、これが大誤算でした。多くのカップルが、私の意図とは違う目的での依頼でした。カップルコースは、男性からの依頼がほとんどになります。彼女が演技をしている気がするので、本気で感じている姿を見たいとの要望をKさん（男性）からいただきました。

「僕がいると、彼女は気になると思います。施術が始まったら、僕はホテルの部屋から出たふりをして玄関で様子をうかがいます。ぜひ、彼女を本気で感じさせて下さい」との依頼でした。

果たして、このカップルにとって、それはいいことなのだろうかとの疑問はありましたが、Kさんの申し込みをお受けしました。

すると、施術の前日Kさんから連絡が入りました。

「彼女に『明日のデートの時、プロの施術を受けてみないか？』と話したら、却下されました。ごめんなさい」

1カ月前から細かく打ち合わせをしていたのに、なんと、彼女の同意を得ていなかったのです。Kさんのように、彼女の同意を得ないで申し込まれる男性は非常に多いです。

カップルコースで一番多いのは、彼女が感じている姿を客観的に見てみたいという、俗に言う寝とられ系男性からの依頼です。中には、「挿入して最後は彼女の顔に精液をかけて下さい」という、AVそのままのリクエストまでありました（当然、彼女はそのようなことを望まれていません）。

寝とられ系の依頼はほぼ全員、彼女に却下されています。当初の目的とは違う使われ方をしてしまうので、カップルコースは半年で終わりにしました。

そのような中でも、70代の男性Sさんから、28歳の妻に性感施術をして欲しいとの真面目なご要望がありました。詳しく聞いてみると。二人は2年前に結婚されましたが、依頼主の男性は勃起することができず、性生活をすることができない状態でした。

「妻はまだ20代で性欲も強いはずです。僕の知らないところで性欲を発散されるくらいならば、僕の見ている前だったらまだ許せます。ですので、どうか妻を満足させてあげて欲しい」

深刻な要望でした。既に、妻にも同意を得ているとのことでした。

施術当日、二人は新潟から東京に来られました。私は二人が滞在している、某高層ホテルに伺います。都心が一望できる部屋に入ると、依頼主のSさんと20代の奥様が既にバスローブに着替えており、出迎えてくれました。

施術中、裸でダブルベッドに横たわり私に身を任せている奥様。Sさんはソファーに腰掛けながらこちらを見ています。次第に、奥様の本気の喘ぎ声が部屋中にこだましてきました。そして部屋の片隅で、こちらをじっと見つめるSさんの姿。本当ならSさんが自分でしてあげたいのだろうに、とSさんの心中を察すると心が痛みます。

カップルコースには、女性からのご依頼もありました。挿入時に痛くて、挿入がままならない身体を改善したいとのご相談でした。その方と話が進み、施術日も決まりました。彼女は、彼に立ち会って欲しいと伝えたそうです。すると、「俺以外の男に触らせるなんて許せない」と彼が憤慨してしまい、施術はキャンセルになってしまいました。

カップルコースは、私にとって色々と課題の多いコースでした。

第6章

処女のお客様

処女とバレたら恥ずかしい

この仕事をしていると、処女の方からの依頼もしばしばあります。

萌さん(21歳)から、このようなメールをいただきました。

「来月、彼と初めて泊まりで清里に出かけます。私は今まで、男の人と付き合ったことがありません。彼にとっても私が初めての彼女だと、共通の友人から聞いています。友人から初体験の時、上手く入らなくて彼が苦労していたと聞きました。未経験の彼でもスムーズに挿入ができる身体にして下さい」

同様に処女の女性から、彼に処女とバレたら恥ずかしいので処女でなくして欲しい、との依頼もあります。

初めて「処女でなくして欲しい」との依頼が来た時は、20代女性のセックス観が理解できず戸惑いました。そのことを20代のリピーターさんに話したところ「私は先輩にお願いして処女でなくしてもらいました」との返答があり、さらにジェネレーションギャップを感じました。令和の20代女性の処女観は、処女性がもてはやされた昭和とはだいぶ様子が違っているようです。

今振り返ると、昭和の頃は性をこっそりと楽しむ時代で、情報共有という概念はありませんでした。しかし、今どきの20代は物心ついた時からＳＮＳがあり、たくさんの性の情報が入ってきます。インターネットの普及が、昭和と令和の20代女性の処女観の違いにも影響を与えているのだと思います。

萌さんとの待ち合わせは、19時池袋。待ち合わせ場所のふくろう像の前に行くと、人ごみの中にデニムスカートをはいた可愛らしい女性が立っていました。

「萌さんですか？　柾木です」

私が声をかけると、彼女は顔を上げ目を一瞬合わせると黙ってうなずきました。

一般男性からみたら、処女の女性とラブホに行くなんて羨ましいと思われるかもしれません。しかし、未経験の方をラブホに連れて行くというのは、その後の彼女の人生にも関わってくる可能性があるので責任重大です。50代の常連さんに「明日のお客さんは、処女の方なんですよ」と話したところ、「プロの技を最初から知ってしまったら可哀そうだから、お手柔らかにね」と心配された私は、「いえいえ、性感が目的でなく、スムーズに挿入ができる状態にするのが目的ですから」と慌てて付け加えました。

以前、処女専門の同業者のホームページを見たことがありました。当時の私は、自分の性癖を満たしたいだけなのでは？　と思っていました。しかし、実際に自分が処女の女性を扱ってみて分かったのは、処女に特化した専門施術者の存在も必要だということでした。未経験の女性の心理には、色々と配慮の必要があります。また、男性心理など伝えておいた方がいいことがたくさんあります。

昔の日本は、村落の年長者が処女の相手をする風習が各地でありました。また、男性の初体験には、年配の女性が「筆おろし」として相手をしていた地域もありました。純潔教育が施行される前は、地域の共同体の中で、生きる知恵として性に関する知識や技術の伝達がなされていました。

余談ですが、昔は「子供はみんなで育てるもの」という考えがありました。高度な避妊具がない時代ですので、誰の子か分からなくても産んで、みんなで育てることもあったそうです。

現代では、大人の男性たちに性教育を施すのは、彼らのプライドもあって難しいです。しかし、そんな男性たちでも、唯一素直に耳を傾けてくれる時期があります。それは、初体験前のタイミングです。そのタイミングで男性たちに、女性の身体や心理などを伝えていくことができたら日本人の性は変わっていくはずです。そうすれば、日本の女性はもっと幸せになれると思うのです。

美人局疑惑

ラブホへ徒歩で移動している間、無言で後ろを歩く萌さん。彼女は終始スマホをいじっています。

実は萌さんは美人局《つつもたせ》で、仲間の男に連絡しているのかもしれない。私の脳裏に、様々な憶測が浮かびました。この仕事で私たちセラピストが恐れていることに、美人局の存在があるのです。

以前、このようなことがありました。

当日キャンセルが出たので、ＳＮＳにて急遽お客さんを募集したところ、すぐに20代の女性から申し込みがありました。彼女は「お金がないので家に来て欲しい」とリクエストしていました。私は嫌な予感がしたため「施設代込にしますのでホテルに行きましょう」と返信をしてみたところ、それ以降、彼女からの連絡はありませんでした。もし私が彼女の指定する家に行っていたら、施術中に彼氏を名乗る男性がやってきて大騒ぎになっていたかもしれません。

私の場合は、基本的には当日受付はしていません。そのため、このようなケースへの遭遇率は低いと思います。しかし、当日受付をしているセラピストの中には、美人局に引っかかった経験がある人がいるかもしれません。

さて、萌さんは誰とやり取りしているのだろうか？　私は一抹の不安を感じながら、彼女とホテルに入りました。

部屋のソファーに腰掛け、萌さんに施術依頼の経緯を詳しく聞いていきます。

「処女だとダメなの？」

「彼に処女は面倒くさいと思われたら嫌じゃないですか」

その言葉から彼女の依頼は本心だと分かり、安心しました。一方、処女の子も男性のセックス力の低さを認識していることが分かります。

お風呂で温まり、施術のために横になる萌さん。彼女の身体をバスタオルで隠しながら、なるべく露出する部位が少なくなるような形で施術をします。指にローションをたっぷりつけて膣口を触ると、綺麗に処女膜が存在していました。

この処女膜、処女の女性全員に破れていない状態で存在するわけではありません。学生時代の部活の運動などで破れることもあるので、性交未経験だけれども処女膜が破れた状態の女性も多いです。そうした女性に、すでに処女膜がないことを伝えると、非常に驚かれます。

萌さんの処女膜は、完ぺきな状態で綺麗に残っていました。月経用の5㎜程の小さな穴以外は膜が皮膚のようになっています。確かに、初体験の男性には挿入する場所が分からない可能性があります。

初体験同士のカップルで、間違った性行為をしていた話を聞いたことがあります。彼が彼女のお尻の穴に挿入していたことに、彼は気づかなかったそうです。女性の方も、とても痛いと聞いていたので違う場所に入っていることを疑いもしなかったそうです。

処女膜を取り除く

たっぷりとローションをつけた指で、萌さんの膣をマッサージしていきます。30分～1時間撫でてマッサージをしていくと、膜はふわっと消えていきます。処女の扱い方を、男性にレクチャーする場が必要なことを痛感します。

処女膜がなくなった萌さんの膣を、さらにマッサージをしてもみほぐしていきます。未経験の膣は硬くなっている場合が多いです。

施術から3カ月した頃、萌さんから、スムーズに性行為ができていますとの報告メールをいただきました。さらに萌さんから、新たな相談を受けました。

「私の膣の中、全然気持ちよくないんです。気持ちよくなるようにできますか?」

萌さんに詳しく話を聞いてみると、初体験の彼とは別れて、今は色々な男性と性行為を楽しまれていました。まだ性に対して素直な萌さんは男性から「気持ちいいでしょ」と聞かれて、「よく分からない」と正直に答えました。その際に、男性から「普通は感じるのにね」とつぶやかれたことがショックだったそうです。私は彼女に、「ついこの間まで処女膜があったんだから、最初は感じないのが普通だよ」と伝えました。

男性の何気ない一言に傷ついている女性は多いです。プロである女性向け風俗のセラピストから出た「普通は感じるんだけどね」との言葉に酷く落ち込んでしまった女性もいます。

3カ月ぶりの萌さんとの再会。萌さんはこの短期間で、だいぶ様子が変わっていました。女性は短期以前は少女の雰囲気があったのですが、大人の女性の雰囲気になっていました。

間で変わることを、萌さんを見ていて感じます。

私が処女膜を除去した彼女の女性器との再会。まるで新車の3カ月点検のようで、感慨深いものがありました。

多くの女性の場合、経験値を上げながら段々と膣の感覚がついていきます。処女膜の除去から間がない萌さんの膣に感覚をつけられるか、少し不安がありました。

予想に反して、萌さんの女性器は挿入慣れしていました。元々感度が良かったのもあり、一回の施術であっさりと膣感覚がつけられたのは幸いでした。人によっては、膣感覚をつけるのに何度も何度もマッサージが必要なこともあります。

変な話ですが、私はいつも膣と対話をしながら施術をしています。膣から怯えや苦しみや喜びのイメージが伝わってくる気がします。膣はその女性の分身のような気がするのです。

膣は感覚調整が可能な部位

膣内は元来、無感覚にできています。しかし、なんらかの要因で挿入時に、痛みを伴っている人もいます。

たくさんの膣と向き合ってきて分かったことがあります。それは、膣はマッサージで感覚が調整できる部位であるということです。ただ当然、病気が原因のこともありますので、最初に医療機関を受診してもらうことが大前提になります。

感覚の調整にも色々あります。痛みに対する調整、感じることへの調整、男性を受け入れやすくするための調整、オーガズムを体感しやすくするための調整、ガチガチをふわふわにする調整……など。

この膣感覚のマッサージを始めてすぐに、疑問が生まれてきました。それは、感じにくい膣に感覚を持たせてしまうと、出産の時に激痛になるのでは？　という素朴かつ重大な疑問です。色々な文献を探したのですが、要領を得る回答は見当たりませんでした。

私の経験上、世の中には膣に気持ちいい感覚がある女性は４割くらい存在します。その女性たちの出産が重いとは、到底思えませんが……。

50歳の処女

処女のお客さんは、20代だけではありません。50歳以上の方も多いです。この仕事をしていると色々な謎があるのですが、ちょうど50歳の処女のお客さんが多いのもその一つでした。

実は、彼女たちの「50歳」という年齢には深い意味があったのです。

今回お会いするのは、長野県にお住まいの久美子さん（50歳）。

なぜ50歳の依頼が多いのか？　久美子さんの申し込みメールにその胸の内がうかがえます。


初めまして、久美子といいます。

こちらのブログを見つけ、私の知らなかった世界をいつも興味深く拝見しています。

私は先日、50歳になりました。この度、貴重な体験をさせていただきたくご連絡いたしました。


50歳まで未経験の女性には、大きく分けて二つのタイプがあります。一つは出会いに恵まれなかったタイプ（理想が高すぎたり、出会う環境がなかったり）。もう一つは純潔教育を受けた母親からの強い貞操観念や、性とは汚らわしいものという固定観念を持っているタイプです。

長野県在住の久美子さんとの待ち合わせは、ＪＲ八王子駅の改札前でした。

余談ですが、八王子での施術依頼も意外と多いです。山梨や長野の女性にとって、地元ではリスクが高すぎるので、八王子まで行けば安心してお願いできるからです。また、その先にある新宿まで行くと都会すぎて気が引ける、という人もいました。逆に、都内にお住いの女性も、「八王子まで行けば知り合いはいないので安心できる」と語っていました。

真っ赤なコートに身を包み、改札の前に立っている久美子さんを見つけました。とても若く見えます。久美子さんもそうですが、皆さんいたって普通の女性です。今までお付き合いがなかったのが不思議なくらいです。

八王子駅からホテルまでの徒歩移動中に「久美子さんは、なぜ今回利用しようと思い立ったのですか?」と質問を投げてみました。

「50歳になった日に、私の人生このまま男性を知らないで終わってしまっていいのかな? 生理がまだあるうちに経験しておいた方がいいのではないだろうか? と思ったんです」と、恥ずかしそうに語ってくれました。

久美子さんもそうですが、50歳で処女の方は、人生の節目として経験をしておこうと考えられるようです。彼女は、こうも話していました。

「過去に男性からお誘いされたこともありました。ですが一歩踏み込むことができず、この歳まで来てしまいました」

初めてのラブホテル

ホテルに入ると、部屋の中を落ち着きなくキョロキョロ見回る久美子さん。

「ここがラブホなんですね、一度入ってみたかったんです」

久美子さんは性への嫌悪感はなさそうで、むしろ私のブログに影響されて、性への興味の扉が開いたようでした。彼女は、子供のように目をキラキラさせていました。

ホテルのソファーに向かい合って腰掛け、今までの経緯を話してくれました。母から教わった「性行為はみだりにしてはいけない」との固定観念に縛られていたそうです。そのため、男性が目の前に現れても、恋愛に消極的になっていました。久美子さんは自分の女性器を触ることすらも、汚いものを触る感じがするそうです。

シャワーを浴び、バスローブに着替えた久美子さん。緊張はそれほどしていない様子でした。

「緊張していますか？」

彼女に声をかけると、「柾木さんに全てお任せすると決めてきましたので大丈夫です」との返事がありました。力強く話されている姿に、覚悟を決めてきていることを感じます。何度も述べてきましたが、女性が風俗セラピストの元へ来るまでには、様々な精神的ハードルが存在しています。お客さんはそれを乗り越えて来ているので、実際にお会いする段階では、多くの人が落ち着いています。

私がシャワーを浴びて部屋に戻ると、久美子さんはソフアーに座ってアロマキャンドルの炎のゆらめきをじっと見つめていました。私は、彼女の手を取り、ベッドへ案内します。薄暗い部屋にスローテンポの曲が流れ、それが妖艶な雰囲気を醸し出していました。私に身体を預ける久美子さん。

……2時間後。シャワーを浴びた後の、ガウン姿の久美子さん。

「紅茶を入れたので、ソファーに座ってお話ししませんか？」

「はい」

部屋は先ほどまでとは打って変わって、静寂な空間になっていました。

彼女が、今回の感想を話してくれました。

「こんなに楽しいものだったなんて私、人生50年何をしていたんだろ」

同じ処女でも、50歳の女性は身体の成熟度が20代の女性とは異なり反応が良く、感じやすい人が多いです。

久美子さんからはその後、1カ月に一度のペースで利用がありました。そのとき彼女がこのように、しみじみ言われていたのが印象的でした。

「私、生理が不安定になっていて、もうあまり時間がないんです。生理があるうちに、今までの分も経験したいんです。本当に、私の人生何をしていたんだろう……」

あれから半年が経った久美子さんは、表情がとても柔らかくなっていました。以前の彼女は、どこか影があり、気を張っている感じでしたが、今はその影の雰囲気も消えています。きっと、久美子さんが男性とお付き合いする日も近いのではないでしょうか。

女性は性的に満たされると、気持ちが前を向き雰囲気が明るくなる人が多いです。その後の人生が変わったと語られる女性を、私は何人も見てきました。

「社会勉強をしに来ました」

史子さん（50歳）も男性未経験ですが、あまり性には関心はないようでした。彼女にご依頼の経緯を聞いてみたところ、普段からムラムラすることもなく、特段、性に興味があるわけでもないとのことでした。

そんな史子さんが、なぜ女性向け風俗を利用しようと思ったのか？　彼女はこのように答えました。

「社会勉強をさせてもらいに来ました。よろしくお願いいたします」

その言葉から、ものすごく真面目な人なのだろうと感じます。そんな彼女が風俗に申し込むには、相当な勇気が必要だったと思います。

ベッド上の史子さんに触れると、身体は固く緊張していました。そして施術中の史子さんは見るもの、経験するもの、一つ一つを噛みしめるように味わっていました。時折、甘い吐息まじりの声を出す史子さん。史子さんの身体に、気持ちよさをとらえる感覚はあるようでした。

施術が終わって、別れ際に史子さんからいただいた一言が忘れられません。
「この感覚を大事にしてこの先の人生、生きていきます。今日はありがとうございました」
深々とお辞儀をされた史子さんの背中には哀愁が漂っていました。

恋愛未経験者の「沼」

女性向け風俗のセラピストは、言うまでもなく女性の性のプロです。プロの施術を経験すると、それまでの価値観が一気に崩れてしまう人もいます。

夢子さん（40歳）は、結婚15年目で２人の子供がいる専業主婦です。夫とは、親同士が引き合わせたお見合いで知り合いました。夢子さんは夫以外に男性とお付き合いをした経験はありません。そのため、彼女が唯一知っている男性が夫でした。

夫との性生活は、２週間に一度のペースでありました。彼女と夫は、寝室にダブルベッドで寝ています。夫がムラムラしたら夢子さんに手を伸ばして性行為が始まります。そして、10分後には夫が射精をして終わります。付き合った当初から、一貫して変わらないその性行為に彼女は何も疑問は持っていませんでした。

そんな夢子さんが偶然、ネットサーフィンをしている際に女性向け風俗の存在を知ります。社会人経験もほとんどない専業主婦の彼女にとって、性の話はまさしく異次元でした。彼女はこれまでの経験から、性行為は夫への奉仕と思っていました。そのため、自分の性欲を満たすために風俗を利用している女性の存在に、とても興味を感じたそうです。

夢子さんは、性行為の体験記を読めば読むほど、自分の経験との違いを感じるようになりました。1年間、女性の性の世界を閲覧していた彼女は、とうとう風俗の扉を開けることになります。

この日、夢子さんとは東新宿駅入り口にて待ち合わせをしていました。この場所は新宿の中でも人通りも少なく、ホテル街がすぐ近くにあります。そのため、人目を気にする女性には好評な待ち合わせ場所です。

平日の午前10時、タイトスカートに白いブラウスを着た夢子さんが現れました。いつものようにホテルに行くことの最終確認を行い、すぐ近くにあるラブホテルへ移動します。

夢子さんは今まで、夫の性欲を満たすだけの性行為しか経験していませんでした。夫の前戯3分、挿入5分が普通だと思っていたそうです。

そのような彼女にとって、自分を大事に扱ってくれる女性向け風俗は衝撃だったようです。

性行為は男性への奉仕と思っていた彼女は、施術が終わった頃には生まれたてのヒヨコのように私に懐いてしまいました。

その後、夢子さんは2週間に一度のペースで私の元を訪れるようになっていました。恋愛経験がなく、男性への免疫がない彼女にとって、いつしか私の存在は彼氏と同じようなものになっていました。あるときの、夢子さんの一言が印象的でした。

「私、お見合いだったから、恋愛してこなかったんです。人生損した気分です。私、まだ女として見れますか？　まだ恋愛できますか？」

当時、新人だった私は、施術の時は自分の彼女のように全力で夢子さんと向き合っていました。

いつだったか、彼女と待ち合わせが上手くできなかった時があり、緊急連絡用に携帯番号を伝えたことがありました。するとある夜、知らない番号から着信があり、出てみると夢子さんからでした。急に私の声が聞きたくなったとのことでした。以降、頻繁に彼女から電話が来るようになりました。

彼女の行動は段々エスカレートしていき、ホームページの他のお客さんの感想にやきもちを焼くようになっていました。日を追うごとに、彼女の独占欲はどんどん強くなり、やがて彼女は匿名で私の悪口など、あることないことをＳＮＳに書き込むようになりました。私から お客さんを離れさせ、彼女が私を独占するために。優しさのつもりで色々彼女に合わせていたことが全て裏目に出てしまった、苦い経験です。

女性がリピート依頼をするのは、私という存在を気に入ってくれたから。それはとても嬉しいことです。私もその気持ちに応えたいと思います。しかし、女性向け風俗の難しいところは、お客さんとセラピストの間にお金が介在する関係であることです。性風俗という疑似恋愛と本当の恋愛のギャップに苦しんでいる女性向け風俗ユーザーは少なくありません。

第7章

中イキを経験させて下さい

中イキを経験したいお客様

女性向け風俗には、各店舗のカラーやセラピストごとの得意な分野があります。オイルマッサージ系・彼氏系・添い寝系・ホスト系・レズ系・催眠系・脳イキ系・ハンドマッサージ系・舐め犬系・玩具系・不感症・性交痛改善の技術系・中イキオーガズム・ポルチオ性感帯系……など実に多様です。

また、お客さんにも様々な風俗利用の動機があります。私は女性のオーガズムを引き出すことを得意とする技術系セラピストとして活動しているため、本書も技術に関係する内容が中心となっています。私の興味・関心は、その女性に秘められている快感を引き出すことにあります。

私のお客さんのアンケートを見ると、ほぼ全員、中イキを経験してみたいという項目にチェックを入れています。インターネットの普及で中イキの存在を知った女性が経験してみたいと思うそうです。裏を返せば、それだけ今の性生活に満足できていないことの表れだと感じます。

女性の中イキオーガズムは、男性側・女性側両方の要素が必要になり簡単にたどり着ける場所ではありません。女性向け風俗でも、そこまで導けるスキルのあるセラピストは一部です。

そもそも、外イキ（クリトリスオーガズム）と中イキ、二つのオーガズムが存在していることを知らない男性も多いです。実は私もこの仕事をするまで、オーガズムは一つしかないと思っていました。男性のオーガズムは基本的には射精しかないので、女性には二つのオーガズムが存在するとは想像だにしませんでした。

出会い系では満たされない

紀子さん（30代）は、この2年間での男性経験が30人という既婚者でした。

彼女の男性経験が豊富になったのには理由がありました。元々、好奇心旺盛な紀子さん。専業主婦の生活に窮屈さを感じていました。子供が中学生になってからは、特に時間を持て余すようになってしまったそうです。暇で手持ち無沙汰になった紀子さんは、刺激を求めて出会い系サイトを利用するようになります。出会い系サイトで男性と知り合ううちに、忘れていたワクワク感がよみがえってきました。

中イキの存在を知った紀子さんは、中イキを経験するために色々な男性と会うようになります。そして紀子さんは、ある答えにたどり着きました。出会い系で会う男性は自分の欲求を満たしたいだけなので、中イキは体験できない。そのときに紀子さんは、私のホームページを見つけ、申し込みに至ったそうです。

中イキを経験したいと申し込まれる女性の背景には、インターネットの普及が関係しているのは間違いありません。スマホユーザーが増え、中イキの存在を知る女性が増えました。中イキができる女性たちが、色々なＳＮＳでそのときの感覚を投稿しています。「異次元の気持ちよさ」等々の感想を目にして、自分も体験してみたいと思う女性も少なくありません。

特に、演技をしている女性は本当の快感に強い興味を示しています。また、中イキを切望する女性には心の中に、中イキできる人・できない人という見えない線引きが存在している人もいます。

中イキは、性行為の初体験と似ている気がします。未経験者は、経験者の感想などを目にしてどのような感覚なのか思いをめぐらせ、憧れます。

中イキオーガズムの必須要素

紀子さんからの申し込みメールには「絶対に中イキしたいのでよろしくお願いします」と書かれてありました。絶対という言葉から強い思いが伝わってきますが、彼女を確実に中イキさせられるかは分かりません。

中イキには、先にも述べたように様々な要素があります。あくまで私の持論ですが、中イキオーガズムの３要素というものが存在します。

①　女性の身体の要素（自慰行為も含めた絶対的経験値）

②　女性の心の要素（自分を解放できる女性。羞恥心やプライドで心が解放できない人は難しい）

③　男性のスキルの要素（適切な場所に・適切な圧で・尿意を回避し適切なリズムを与えることが必要）

この3要素が揃わないと中イキオーガズムには到達できません。

①の女性の身体の要素から説明します。クリトリスオーガズム（外イキ）を経験したことがない人が、いきなり中イキオーガズムを経験するのは難しいです。「外イキできること」「膣内に気持ちいい感覚があること」が必要になります。女性に内在する性エネルギーの強さも影響してきます。

余談ですが、私が、感じる膣を作る手技を得られた理由には中イキオーガズムが関係しています。中イキ希望の女性の半数以上が、膣内に感覚がない人たちだったからです。彼女たちを中イキに誘うために、何百人という女性の膣に試行錯誤をした末に感覚をつける手技を得ました。

続いて②の女性の心の要素ですが、中イキオーガズムは、クリトリスオーガズム（外イキ）とは違う、感覚の強いオーガズムです。外イキは、まだ理性が働いています。一方、中イキは、理性を吹き飛ばします。そのとき、乱れている姿を誰にも見せたくないというプライドや羞恥心が働くと、脳が感じることをシャットダウンさせてしまいます。

また、中イキオーガズムの直前で経験したことのない強烈な感覚に、脳が恐怖を感じる人もいます。ジェットコースターが頂上から落下する瞬間と似た感覚が現れるようです。このとき身を投げ出せるか、もしくは恐怖で止まってしまうかで、中イキオーガズムに到達できるかが分かれます。バンジージャンプが楽に飛べる人は、到達しやすい心を持っています。

最後に③の男性のスキルの要素です。女性が快感からベッドの上で腰をくねらせ動きまわっても、相手の身体の動きに合わせて、同じリズムで同じ場所に刺激を与え続けられるスキルが必要になります。さらに、外イキに導けるスキルと、尿意を感じさせない触り方も大事になります。そして、①②の女性側の要素を加味して、その障害を取り除く経験値が必要になります。

中イキには以上の３要素が絡みあってきます。しかし、女性の中には、簡単にあっさりイッてしまう人もいれば、なかなか到達できない人もいます。

中イキオーガズムへの道は、富士登山に似ていると感じます。富士山を登るのに、１合目から登る人もいれば５合目から登る人もいます。中イキという山の頂上に行くのにも、女性のスタートラインが異なります。①②の女性側の要素が整っている人は５合目からのスタート、膣内に感覚がない人は１合目からのスタートになります。

また、富士山を一気に登ると高山病になる人もいます。中イキオーガズムの登山道も、一気に駆け上がると同じようなものが出てくる人もいます。女性のオーガズムや膣感覚はとても奥深いです。

男性器は精子を作り発射するだけの機能です。一方、女性器は精子を受け入れ受精させ、十月十日かけて子供を育て出産する機能です。それだけを考えても、男女の性器によるオーガズムの深さの違いが想像できると思います。

中イキ施術中に出てくる「お化け」

初夏の風が気持ちいい6月のある日、私は紀子さんと渋谷のラブホテルに来ていました。詳しく彼女の話を聞いてみると、4人いるセフレを相手に、媚薬や女性用バイアグラを試してみたのですが、膣が熱くなるだけで薬の効果は感じられなかったそうです。

施術が始まり、実際に彼女の身体を触ってみると膣内外ともとても良い感度の持ち主でした。私は良い結果が出る予感と同時に、お化けが出てくる予感がしました。そうです、中イキ施術中に「お化け」が出るのです。

5合目からのスタートの紀子さんの施術は、順調に進んでいました。紀子さんは、頂上である10合目の手前の8合目までは簡単に来ることができました。ここから先は、オーガズムの大波が来るのを、淡々と膣マッサージをしながら待ちます。

そしてしばらくすると、紀子さんの身体に大きな波がやってきました。喘ぎ声が、うめき声に変わり部屋中にこだまします。紀子さんが仰向けの身体を大きくのけぞらした瞬間、「怖い、怖い、怖い　怖い!!」と大絶叫しました。案の定出てしまいました、中イキの直前に現れるお化けです。お化けは、感度のいい人ほど出やすくなるのです。そのお化けの正体とは、身体の防衛本能。未知の強烈な感覚に身体が防衛本能を働かせて、恐怖を感じさせるのです。

絶叫は人によって様々です。「死ぬ！」「やめて！」や「グギャー」と言葉にならない声で叫ぶ人もいます。いずれも防音の効いたラブホテルでなければ、警察を呼ばれるレベルの大声になります。

高山病と一緒で、これが出てしまうと先には進めません。私が新米だった頃、それでも先に進むか、止めるかとても悩みました。しかしそのまま進めると、問題が起きる可能性もあるので止めています。また、女性が本能で感じていると涙が自然と出てくる人もいて、「悲しくないのに、涙が止まらないです」との言葉をよく聞きます。

紀子さんと2週間後、２回目の施術で同じホテルに来ていました。今回も8合目まで、あっさり到達された紀子さん。前回と同じく、大波が来るのを二人で待ちます。少しすると、紀子さんの元に、あの大波がやってきました。紀子さんの声はどんどん大きくなっていきます。そして、恐怖の大絶叫を警戒する私。次の瞬間「グハ！」と叫び、あっさりとオーガズムに達してしまいました。

今回紀子さんにお化けが出ることなく簡単に中イキに達したのには、理由があります。脳が、前回の未知の感覚を認識したからと推測します。

私は紀子さんに、前回の施術の後にこのように伝えました。

「脳が、未知の感覚に恐怖という反応を示しました。でも次回は、脳が一度感覚を認識しているので恐怖は出てこない人が多いです」

中イキを迎えられた紀子さん、私が指を止めた後も身体の痙攣《けいれん》が止まりません。その痙攣で、さらに次の中イキを迎える彼女、それを3回ほど繰り返したのち痙攣は止まりました。男性が射精をした後に、身体がピクピクと痙攣するのと同じ反応が女性にも起こります。男女ともオーガズムとは、筋肉の痙攣で起こるのです。

痙攣が止まり、そのまま動かなくなった紀子さん。しばらくすると、「あれが中イキなんですね」と話し始めました。

「全然違う、クリイキと全然違います」

彼女は遠くを見つめてしみじみとしていました。その姿は、童貞でなくなった日の私と重なるものがありました。

中イキを経験できた人の反応は、人それぞれです。「やったあ！」と喜ぶ人、涙を流している人、物思いにふける人、これがそうなのかな？　と疑心暗鬼の人、別人のようにスッキリしている人、色々な反応があります。また、中イキをした女性の顔はつやつやになります。そのことを、ある女性がこのように感想を述べていました。

「柾木さんの施術は、下手なエステに行くよりも即効性があって良い」

翌朝の化粧のノリが違うと多くの人から感想をいただきます。中には、会社の同僚に「どうしたの？　お肌がつやつやになってるよ」と指摘されましたと、喜びのメールをいただいたこともあります。どうやら中イキは、女性ホルモンの分泌を活性化するのかもしれません。

また、中イキの特徴は自転車と似ています。自転車は一度乗れると身体が感覚を覚えており、10年ぶりに自転車に乗っても転ばず走れます。それと同じく、10年前に中イキできた人は簡単に中イキができています。

ＡＶの影響で潮吹きに一生懸命になる男性はいても、中イキに一生懸命になる男性は希少です。中イキに一生懸命になる男性が増えたら、女性の男性に対するセックス観も見直されると思います。

連続中イキでたどり着く「宇宙イキ」

中イキと外イキの大きな違いは、中イキは連続で何度でもオーガズムを迎えられることにあります。

中イキに達成していても、その違いが分からないと感想を述べられる人がいます。そのため、私はお客さんにしっかりと中イキオーガズムを体験してもらえるように、3回以上の連続中イキオーガズムに誘っています。

その連続オーガズムを経験した人の中に、不思議な感想を語ってくれる人たちがいます。

「宇宙空間にいた」
「エンジェルが周りを飛んでいた」
「神様に会っていた」
「大きな仏像の前に立っていた」

「巫女さんになって『命が未来まで続きますように』という歌を歌っていた」
「盆踊りのように大勢で踊っていた」
「真っ白な森の中にある、小道を歩いていた」

また、喘ぎ声が不思議な言語（宇宙語？）になる人もいます。私はそれらを誘発するオーガズムを、宇宙イキと呼んでいます。

一般的な中イキの感想は、白い世界が見えた、思考が停止したなどの感覚的な感想が多いです。一方、宇宙イキは、〇〇していましたという体験的な感想になります。

しかし、それをネットで検索してみても、不思議なオーガズム体験の文献は出てきませんでした。いったいこれはなんだろうと、何年も不思議に思っていました。

そしてあるとき偶然に、不思議な体験（宇宙イキ）の書かれている文献を見つけました。

フランスの婦人科医による書籍、『婦人科医が答える　誰にも聞けないセックスの悩み』（フランソワ・オリヴァンヌ／ソフィ・ブラムリー　太田出版）に、エクスパンデッド　オーガズム（宇宙イキ）について書かれていました。

エクスパンデッド　オーガズムとは、「非常に強烈な快感が全身に拡がって、それが時間にして数分間、さらには数時間にわたって続くこともあり、腹部やももの内側、性器などの痙攣が数百回・数千回繰り返され」る現象だそうで、１９９５年にアメリカのパトリシア・テイラー博士によって確認されました。このオーガズムについて博士は、深いカタルシスとスピリチュアルな感覚が体験できると述べています。

確かに、女性が不思議な体験をした時は、私が手を止めない限りエンドレスでオーガズムを迎えていました。エクスパンデッド　オーガズムは、通常のオーガズムを超越した体験が味わえます。しかし、日本ではこのオーガズムはあまり知られていません。

女性の身体の探求はまだ歴史が浅い

一般男性もよく知っているＧスポット（膣内の快感ポイント）は、その存在を指摘したドイツの産婦人科医エルンスト・グレフェンベルク博士にちなんで命名されました。しかし、その位置については明確にされておらず、存在そのものを否定する専門家もいます。

また、イタリアのラキラ大学のエマヌエーレ・ジャンニーニ教授は、Ｇスポットについて「確かに存在するが、全員に備わっているわけではない」との研究報告をイギリスの科学誌「ニューサイエンティスト」２００８年2月号に発表しています。世界を見渡しても、膣内の感じる部分に関しては現在でも明確になっておりません。

先ほどの「Ｇスポットは確かに存在するが、全員に備わっているわけではない」の研究報告に対しての、私の考えをお伝えしますと、「今は備わっていなくとも、今後備わってくる可能性がある部分」です。

私は、医療関係者でも博士でもありません。毎日、膣に指を入れてオーガズムに向き合っているだけの整体師です。一方、私は医療関係者が立ち入れない、女性の膣にオーガズムを誘発させる場所にいます。

第8章

喪失感を抱える障がい者

自分の身体を確かめるために

「私は、２年前に子宮を摘出しました。私の身体がどうなってしまったのか知りたいんです」と語るのは冴子さん（44歳）。

冴子さんは手術後、喪失感にさいなまれていました。夫とはもう10年以上性行為はなく、手術後の自分の身体がどうなっているのか、とても気になっていました。しかし今更、夫にお願いする気にはなれず、月日だけが過ぎていったそうです。そんなとき、女性向け風俗の存在を知り、意を決して申し込みをされていました。

「子宮がなくても、生理があった時期になると身体が自然とうずくんです」と、寂し気に話す冴子さん。「性欲はありますか？」との私の質問に、「はい」と、うなずいていました。

少し間を空けて、彼女は力強く語りました。

「だから余計に気になるんです、私の身体がどういう状態なのか」

女性向け風俗のセラピストとお客さんとの繋がりは性だけです。そのため、誰にも話せない性の悩みを真剣に話せる関係になります。女性向け風俗は、女性の性の駆け込み寺的な要素も担っています。

施術を受ける冴子さんは、とても緊張していることがすぐに分かりました。

「整体のマッサージをしましょう。うつ伏せになって下さい」

そう伝えると私は、バスローブ姿の冴子さんにもみほぐしマッサージを始めました。

「おしりがとてもこっていますね。椅子に座るお仕事をされていますか？」

「はい、パートで事務の仕事をしています。おしり、とても気持ちいいです」

冴子さんは、先ほどの緊張が少し和らいできているようでした。

施術が進み、冴子さんに仰向けになってもらい膣口周辺をマッサージすると、じんわりと濡れてきました。

「冴子さん、濡れてるよ」と伝えると、少し恥ずかしそうに冴子さんは微笑んでいました。

「では、指を入れてみるからね」

次の瞬間、冴子さんの顔に緊張が走りました。

ゆっくりと膣内に、人差し指を入れていく私。

「あっ、気持ちいい？　気持ちいいです。手術する前と変わってないです！」

冴子さんは、合格通知を受けた受験生のように嬉しそうに喜んでいました。

「感じ方が変わってなくて嬉しいです。私の身体は、もう女でなくなってしまったと思っていたので本当に本当に嬉しいです」

冴子さんは元々感度の良い女性でした。

後日、冴子さんからいただいたお礼のメールに「心の重荷が下ろせて、気持ちが晴れやかになりました」とありました。結局、冴子さんとお会いしたのはその一回限りでしたが、あの嬉しそうな顔は一生忘れられない一コマになりました。

子宮を摘出した女性の性交痛改善は、一度で悩みが解決することもあれば、回数を要することもあります。手術中、本人は麻酔が効いて分からなくても、膣には強烈な刺激が残ります。手術で膣内にダメージを受け、痛みの感覚が膣内に刻まれている人も少なくありません。本人の心のリハビリと同じように、膣感覚のリハビリが必要な場合もあります。

子宮がなくなる前に

これから子宮摘出手術を受けるという女性からの依頼もあります。

「子宮があるうちに感じてみたい、中イキを体験してみたい」と語るのは、純子さん（45

歳・独身）。

「子宮を取ったら、感じられなくなると思うんです。女の身体であるうちに感じてみたいです」と、思いを打ち明けてくれました。

また純子さんは、このようにも話していました。

「ずっと演技をしてきたので、しっかりと感じたことがないんです」

病気がきっかけで、施術を申し込まれた人でした（主治医からは、激しい性行為でなければしても構わない、と言われたそうです）。

私は手術用ゴム手袋をした手で、純子さんの膣を丁寧にマッサージしていきます。今日は演技をしないと決めてこられた純子さん、快感を噛みしめるかのように味わっていました。私は身体への負担を考慮して、子宮周辺部位に触れることは避けて、軽めの施術をしていました。そのため、純子さんの身体に中イキオーガズムの大波は起こりませんでした。しかし、「膣の気持ちいい感覚を楽しむことができたので満足です」と感想を話してくれました。

これから子宮摘出手術を受ける女性は、強い不安に襲われています。そうした女性たちの不安が少しでも和らぐようにと、私は彼女たちに、手術を受けた後のお客さんの性行為の話をしています。

これまで、子宮をなくしたたくさんの女性の膣に向き合ってきて分かったことがあります。性行為を楽しむのに、子宮の有無は関係ありません。子宮がない女性でも中イキオーガズムを楽しんでいる人もいますから。

また、女性の自信を喪失させる出来事には、胸の摘出手術もあります。

京子さん（40歳・既婚）は１年前に、乳がんで左の乳房を摘出しました。彼女は「以前よりは喪失感が和らぎましたが、女としての自分に自信が持てなくなりました」と話していました。

京子さんは、私のホームページに掲載してある子宮を摘出した人の施術の感想を読んで、「ここならば」と申し込まれました。「風俗を体験してみたいのですが、左の胸は見られたくないです」との相談が事前にありました。

10月のある日、私は彼女に指定された田町のビジネスホテルに向かいました。京子さんが事前アンケートに記入している間に、私は無機質なビジネスホテルの環境を整えます。ビジネスホテルでの音もれ対策として、ＢＧＭ用のスピーカーを部屋の入り口に置きます。そして、彼女が快感に専念できるように、左の胸をバスタオルで隠し極限まで部屋を暗くして施術をします。暗闇での施術、彼女は身体の喪失感を気にすることなく、快感に没頭できていたようです。

施術が終わった京子さんより、感想をいただきました。

「主人とはセックスレスなので、私の身体はもう二度と男性に触れられることはないと思っていました。私を女として扱って下さり、ありがとうございます」

私の性別は「お母さん」

病気以外でも、心の喪失感を抱いている女性は多いです。

女性性の喪失を感じている優さん（45歳・既婚）はこのようなセリフを残しています。

「私の性別、女でも男でもなくお母さんなんです。子供にお母さんと呼ばれるのは当然のことですが、夫も私をお母さんと呼びます。私の性別はお母さんなんです」

優さん曰く、今まで子育てで忙しく、自分のことを考えている余裕はありませんでした。

子育てが一段落した時に、自分の女性性を考えるようになっていたそうです。

また優さんは、生理が大幅に遅れるようになり、生理が終わってしまうとの不安も抱えていました。

「夫とはセックスレスで、私の身体は10年以上男性に触れられていません」

メールのやり取りからも優さんが、女としての自信を喪失していることがヒシヒシと伝わってきました。

彼女の施術は、1カ月後の横浜に決まりました。そして待ち合わせ場所に行くと、優さんは想像と異なり女性性に溢れる人で、「男性に身体を見られることを意識したのは久しぶりです」と笑顔で話してくれました。この日のために優さんはダイエットを始め、エステサロンにも行かれたそうです。

私は「優さん、素敵な女性ですよ」と第一印象を伝えました。それを聞いた彼女は、嬉しそうに微笑み、さらに素敵な笑顔になっていました。

ホテルに入り、シャワーを浴びてガウンに着替えた優さん。彼女の足元を見ると、赤色にキラキラ輝くネイルが目に入りました。優さんに「足のネイル素敵ですね」と伝えると、彼女は少女のような笑顔になっていました。

役割としてのお母さんから解放された彼女は今、女としての自分を楽しまれているのが伝わってきます。羽織っているガウンを脱がすと、可愛らしいリボンのついた白いレースの下着を身に着けていました。優さんの下着姿がとても色っぽかったので感じたままを伝えると、彼女は照れながら微笑んでいました。「私の性別はお母さん」と嘆いていた人と同一人物とは思えません。

　風俗を利用する女性が求めているものは一人一人異なります。身体を見られたくない女性には、徹底して見えない状況を作ります。優さんのように自己肯定感が低くなっている女性には、あえて見て感じたことを伝えるようにしています。夫であっても彼氏であっても、パートナーである女性の容姿をきちんと褒める男性は少ないです。そのため、本人が嬉しくなることや自信に繋がることを伝えるのも、私の大事な役割だと思っています。

　優さんに風俗を利用してみた感想を聞いたところ、彼女は一言、「私を女に戻してくれてありがとう」と言いました。優さんは、自分の中にある女性性の部分をしっかりと感じることができたようでした。さらに彼女は「今日までの時間が、ウキウキできて充実していました」と教えてくれました。女性が風俗を利用する楽しさは、その日その時だけでなく、それまでの準備時間も楽しめることを彼女から教えてもらいました。

車椅子のお客さん

私のサロンでは、身体に障がいのある女性からの依頼も受けています。

21時、都内某所。私は近所の人に気づかれないように、あるアパートを月に一度訪問します。鍵のかかっていない玄関をピンポンも鳴らさずに開けてアパートの中に入ると、一人の女性が車椅子に座って私の到着を待っていました。成美さん（35歳）は、脳性麻痺で一人暮らしをされています。

私は風俗店を作った時に、身体に障がいを持つ女性からの依頼も受けたいと考えていました。私には介護福祉士として病院で介護の仕事をしていた経験があり、身体に障がいを持つ人は特別な存在ではないという考えがあります。

成美さんは、話をしようとすると顔に筋緊張が出てしまい、上手く話すことができませんでした。そのため、私が口頭で話したことに対して成美さんが、動きづらい指先で器用に携帯を操作してＬＩＮＥで返事をしてくれます。成美さんと少しおしゃべりをした後、私は持参したボディータオルで自分の身体を清拭して施術着に着替えます。

私が成美さん宅のシャワーを使わないのには理由があります。この家は、成美さんと女性ヘルパーしか出入りしていません。成美さんの麻痺は重く、朝昼晩と3回女性のヘルパーが入ります。成美さんのプライバシーを護るために、男性が来た痕跡を残してはいけないのです。

施術着に着替えた私は、アパートの雰囲気を別の空間に演出する準備をしていきます。波の音のＢＧＭを流し、持参したプラネタリウムで満天の星空を演出します。車椅子に座りながら、星空を見上げている成美さん。

「それでは施術をしていきますね」

私は、車椅子に座っている成美さんのパジャマを脱がせていきます。そして、裸の成美さんを、車椅子からベッドへ移乗介助します。

成美さんは、拘縮（関節が動かしにくい状態）が強く仰向けになれないため、ベッド上でくの字になっています。彼女にバスタオルをかけ、首周りや胸周りをマッサージする私。緊張でさらに硬くなっている成美さんの身体が、緩んでくるのが分かります。

拘縮して閉じている成美さんの股の隙間に、手を潜り込ませマッサージをしていきます。吐息をもらしながら、目に涙を浮かべる成美さんの姿が印象的です。

健常者が簡単にできる自慰行為も、脳性麻痺の成美さんにはできません。しかし、性欲は健常者・障がい者関係なく存在しています。成美さんは今まで、そのどうしようもない思いにただただ悶々としていたそうです。

施術が終わり、清拭をしてパジャマ姿に戻った成美さんは、そのままベッドの上で横になっています。私は急いで片付けをし、部屋を一通り確認してから、何事もなかったかのようにこの家を後にします。

身体に障がいのある女性からの新規依頼は、半年に１人くらいのペースで入ります。そこで私が感じたのは、性欲は男女・健常者・障がい者・関係なく存在しているという当たり前のことです。ベッドの上では、女性は障がいがあっても健常者と同じ快感の海を楽しめます。

成美さんからいただいた感想が印象的でしたので、ご紹介します。

「多くの障がい者は、異性を知らないで亡くなっていきます。障がい者だって性欲はあります。こんな世の中、早く変わって欲しいです」

第9章 ユーザー座談会

本章では「女性向け風俗ユーザー座談会」として、20代から50代までの女性向け風俗を利用したことがある女性たちに集まっていただき、女性側から見た女性向け風俗や女性の性について、屈託のないご意見を伺いました。

参加者
Aさん：20代独身　接客業　女性向け風俗利用歴4回（3店舗）
Bさん：30代独身　サービス業　女性向け風俗利用歴は過去に一度だけ
Cさん：40代既婚　会社員　女性向け風俗利用歴12回（5店舗）
Dさん：50代既婚　エステティシャン　女性向け風俗利用歴10回（4店舗）

女性向け風俗の利用動機

――まずは、皆さんが女性向け風俗を利用するようになった動機を教えて下さい。

Cさん　彼と別れて、とても寂しかった時でした。私は、寂しさを紛らわすために利用しました。初めての風俗でしたが素敵な男性がもてなしてくれて、はまりました。

――ご結婚はされていましたよね？

Cさん　えっ、主人ですか？　もう家族の一員で異性とは思えないです。だって、家族とセックスするなんて、おかしいでしょ。

Dさん　私は、今までセックスをしていて気持ちいいと思ったことがないんです。それがずっとコンプレックスでした。私の身体って変なんじゃないかとずっと思っていました。なので、プロの人に委ねてみたいという思いがありました。

――プロを体感してみてどうでした？

Dさん　3人はハズレでした。男性の自己満足でやっている人たちばかりでした。中には、素人よりも酷い人もいたんです。そんな人にお金を払う自分が腹立たしくなりました。もう風俗に夢を抱くのは止めにしようと思い、最後にお願いした人が当たりでした。その人が、自分の身体に自信を持たせてくれたので救われました。今はもうその人だけに定期的にお願いしています。

Bさん 私、彼にとても気を使ってしまうんです。デートも本当はこうしたいという思いがあるのに、彼が気に入ってくれるか自信がなくて言えなくて……。そんな時に女性向け風俗の存在を知って、デートコースをお願いしました。私が作ったデートプランでデートをしてもらったんです。そのデート、お仕事ではあるけれどお相手の方も楽しんでくれて、それが嬉しくて自信が持てたんです。本当にお願いしてよかったと感謝しています。

Aさん 私は、好奇心から普通の男性とプロの違いに興味がありました。あとは、彼と別れたばかりで寂しかったということもあって、恋愛抜きに純粋に身体だけ満たしてもらうのもありな気がしたんです。

――実際に利用してみてどうでしたか？

Aさん　期待していただけにがっかりでした。人によっては一般男性と何ら変わらない人もいました、AVのようにガチャガチャ激しくする人も。

――女性向け風俗には当たりハズレが存在しているようですね。

一同　それはあります！

女性にとって性とは？

――男女で性に求めるものが異なっていると思いますが、皆さんにとって性とはなんですか？

Bさん　「性は愛と直結している」と思います。最初はそうでもなかったのが身体を重ねるうちに段々と好きになっていってしまう。当然、男性も私のことが好きだから身体を求めてくれていると思っていたのですが、違うことを知りました。

Aさん　それ、すごく分かります。私も傷ついた経験があります。女性の場合、性は愛情と比例していると思います。

Cさん　私もです。初めてお願いしたセラピストを好きになってしまって、気持ちの切り替えができなくて、気づくとその彼のことばかり考えてしまって苦しかったです。

――確かに、セラピストに心を奪われてしまう女性も少なくないですね。

Dさん　私は、女性の性はパワーだと思います。たまたま絶頂の女性を見る機会があったのですが、その女性を見ていてオーガズムにすごいパワーを感じました。言い換えると、女性の生きるエネルギーですね。

――確かに、絶頂時の女性からはすごいエネルギーが出ていますね。

Cさん　私にとって性とは、女でいるために必要なもの。女は性を捨てたらババア化（加齢とは異なる老人化）すると思っています。

性を外注する

――お客さんから「性を外注します」という言葉を聞くのですが、性を外注するという考えはどう思いますか？

Cさん　パートナーに全てを委ねると、相手が精神的に潰れてしまうこともあると思うんです。私は、相手の負担を軽くしてあげたいと考えているのでいいと思います。

Bさん　性が原因でギクシャクしてしまうのなら、外注も大いに結構だと思います。ただ絶対に、パートナーにバレないというのが大事ですが。

Dさん　私は、上手い人に外注してそこで自分の身体を訓練して、彼とのセックスで自分のイメージするセックスができるようにしました。

Bさん　そこまで好きな男性がいるなんて素敵ですね。

――それは愛情からの行動なんですね。

Dさん　そうなんです！　彼と楽しいセックスがしたかったんです。

Cさん　１人のパートナーに子育てからセックスまで全てを期待すると、彼に負担やプレッシャーがかかってしまう気がするんです。なので、彼の負担を考えて外注は必要と思います。そもそも外注を否定すると、自分自身を否定することになると思うんです。

――でもパートナーに対して、背徳感は覚えないんですか？

Dさん　セックスをするわけではないので、背徳感はありません。

――男の感覚だと、裸になって膣に指を入れられるのも、ペニスを挿入されるのも同じような気がするのですが、違いますか？

一同　違います！

インターネットの普及と女性の性

――インターネットが女性の性の解放を押し進めていると思うのですが、どうお考えですか？

Dさん　私は、ネットのおかげで悩みが大きくなってしまいました。

――えっ！　なんでですか？

Dさん　「普通は」こんなに感じるんだ、私はおかしいんだと、かなり悩んだ時期がありました。

――情報が入るのも良し悪しなんですね。皆さんはどう思いますか？

Cさん　感じる人が情報発信していて、感じない人は情報発信をしないんだと思います。ネットの情報が偏っている気がします。そのため、普通でないことが普通になっているのではないでしょうか。

Bさん　感じてないと、言えないよね。

Aさん　匿名なのでどこまで本当のことなのかな？　背伸びをして書かれている人もいるんじゃないかな？　何が正しい情報なんだろうと思います。

Dさん　性の情報が簡単に得られる時代になった代わりに、混乱も起きているのを感じます。人それぞれなのに、こうでないとおかしいみたいな。

Bさん　確かに、自分は普通じゃないんだと落ち込んでしまうこともありますね。

Aさん　今まで、女性の性はタブー視されてきました。女性たちが本音を発信するようになったことが、性の男女の平等に繋がっていく気がします。女性も純粋に性欲を持っていいんだよ、という世の中になりつつあるのを感じます。

女性向け風俗とはなんですか？

——皆さんにとって、女性向け風俗とはなんですか？

Aさん　性の悩みを解決してくれるところと思って利用したのですが、当初、問題解決はできませんでした。でもそうであって欲しい。

Bさん　女としての自信を取り戻す場所。利用したことで自分に自信が持てるようになりました。

Dさん　私は、あまり感じない自分に自信がなかったのですが、プロの人に感じやすい身体だよ、それは男性側の問題と言われて、自信がもてました。

――男性に原因があることでも、自分の身体に自信をなくしている女性は多いですね。

Cさん　女性をいい女にしてくれる、「女度」を上げてくれる存在ですね。それまでは誰にも見せることがないからと気を抜いていたけれど、風俗を利用するようになって美意識が上がりました。

閉経に対するイメージ

――閉経すると女でなくなる、と不安に思う女性もいますが、閉経についてどう考えますか？

Ａさん　生理痛やＰＭＳ（月経前症候群）のことはよく考えますが、閉経のことは考えたことはないですね。

Ｂさん　解放のイメージがあります。私、生理痛が酷いので、なくなったら楽だろうなと思います。

Ｃさん　生理がなくなると、自分の身体がどうなってしまうのだろうか？　女性ホルモンが減って男性化してしまうんじゃないだろうか？　という不安があります。最近、なかなか生理が終わらない時もあって、閉経に近づいているのを感じます。

Dさん　閉経後に膣を放置していて、いざ使おうと思ったら、痛くてびっくりしました。こんなにも濡れにくくなるとは思いませんでした。でも、妊娠を気にしなくていいのでとっても楽ですし、閉経したら女でなくなるとかはないですね、変わらないです。

中イキマウント？

——中イキについてどんな印象がありますか？

Aさん　してもしなくてもどちらでもいいのですが、できたら、楽しみが増えるかなー。新しい自分が発見できるかなと思います。

Bさん　中イキ流行っていますよね。うーん、憧れですかね。別にこだわりはないけれど、経験できる機会があるのなら、してみたいかな。周りの中イキにこだわる女性を見ていると、女同士でマウントを取りたいという人が多いと思います。

――マウント？

Bさん　中イキできるほど相性が良くて愛されている、という優越感を抱きたい人が私の周りには多いですね。

一同　へー。

Cさん　私は、中イキすると彼と気持ちが一つになった感覚を味わいます。その感覚も毎回違ったものになっていて、蘇生したかのように爽快感溢れる時もあります。中イキの感覚に生理の周期も関係あるのかな。

Dさん　初めて中イキができた時は、正直嬉しかったです。50代になり閉経して性欲も薄れつつある中、一生、中イキはできないと思っていましたから。

――閉経後に中イキ初体験されたんですね。中イキってどんな気持ちになるんですか？

Dさん　すっかり諦めていたので驚きました。今まで経験したことない感覚で、最初怖さがありました。そこを越えると、ほわっとした感覚になり、幸せな気持ちでいっぱいになります。たくさんの幸せホルモンが出ているんだと思います。女性の身体はこんなことができるのに、誰もが到達できるわけではないことに疑問を感じます。

女性向け風俗に求めるもの

――これからの女性向け風俗に求められるものはなんですか？

Bさん　常に女性の味方でいてくれる存在。

一同　うんうん、確かに！

Bさん　女性の味方になってくれるセラピストさんなら、安心して身を任せられますね。

Dさん　コンプレックスや不安で悩んでいる思いを軽くしてくれて、安心感を与えてくれるセラピストさんがいいですね。大丈夫だよと言ってもらうだけで、安心できる時もあります。

Aさん　他人と私を比べないというのは大事だと思います。他の女性と比べて自分はどう思われているのだろうという考えが頭をよぎることもありますから。

Cさん　安心・安全であること。性病のリスクに対して、真剣に向き合ってくれるセラピストさんが増えて欲しいです。でも安心して身を任せられるお店って少ないんです。

Aさん　プロとしての知識は持ってもらいたいです。一般男性が勘違いしているのならともかく、風俗業界で働く人でさえ大きな勘違いをしているということが、今の男性の現状なんだと感じます。

ユーザーからセラピストに質問

Bさん　演技ってバレますか？

――過度の演技でなければ一般男性は、分からない人が多いと思います、日本中の女性たちが演技をしているから……。

Cさん　男の人って、イカせた女性のことを覚えていますか？

――恐らく覚えていないです。なぜならみんなイッたふりの演技をしてるから。むしろイカない人の方が記憶に残っていると思います。

Dさん　風俗利用をおすすめしないタイプのお客さんはいますか？

――その時間を割り切って楽しめる女性は上手く風俗を利用できていると思いますが、セラピストを好きになりすぎてストーカー化してしまったお客さんが自宅の前にいたという話を、他のセラピストから聞いたこともあります。ネット上の女性向け風俗の俗語で、「沼る」という言葉があるくらいです。

Aさん　怖い思いをしたことはありますか？

――ラブホにいる時に、けたたましく火災報知機が鳴って「火事です・逃げて下さい」という放送が入った時は焦りました。結局、誤作動だったのですが、あれには本当に驚きました。

Aさん　無料のお店ってどうなんですか？

――一概に無料＝レベルが低いとは思いません。有料セラピストよりもスキルが高い人もいます。しかし、そのようなお店は依頼が殺到していて、申し込んでも施術が受けられない人の方が多いみたいです。週末に趣味的にしていたら、受けられる人数が限られてきますからね。無料でありがちなのは、女性は無料だからと嫌なことも嫌と言えないことが多いです。セラピストにも甘えが出てきます、どうせ無料だからと。

Dさん　お客さんとのトラブルとかはないんですか？

——初期の頃はクレームを色々いただきました。その対策で事前アンケートを導入して以降はほとんどなくなりました。この仕事を始めた時は、何に注意していいのか分からず本当に苦労しました（当サロンではサービス向上のため、お客様が匿名で、改善事項をお店に伝えられるようにしていました）。

Aさん　性病にかかったことはないのですか？

——今のハンドマッサージのみの施術になる前は、月に2回、血液・尿・咽頭検査を実施していました。その状況でも、お客さんから性病に感染したとの報告が入りました。私もすぐに病院に行って検査をしました。しかし、私自身は発症していなくて、感染しているかも分からない状態でした。結果、他に感染したという報告もなかったため公表が遅れ、それが原因でお客さんの信頼を失い、１年間お店を閉じた経験があります。そのとき、性病検査を何回行おうが、所詮は検査であって予防ではないことを痛感しました。当時の反省を生かして、予防策としてＨＰＶワクチンを接種し、現在は粘膜同士の接触を行わない手技での施術を行っています。

Aさん

この仕事をして一番勉強になったことはなんですか？

――そうですねー。みんな何かしらのコンプレックスや悩みを抱えていることを知りました。笑顔の裏には、色々な苦悩を抱えているのが人間なんだと勉強になります。

第10章　女性向け風俗の裏話

女性向け風俗はどこまでしているのか？

本書をここまで読まれた皆さんの中には、女性向け風俗に関して素朴な疑問があると思います。「どこまでサービスをしているのか？」ではないでしょうか？

男性向け風俗は、本番なしのヘルスと本番ありのソープが存在しています。私がこの仕事を始めた２０１５年頃の女性向け風俗は、１人セラピストが趣味的に風俗営業をしている店舗が多い時代でした。そのため、お客さんである女性が望めば、なんでもありの時代だったと記憶しています。

女性向け風俗は、男性向けとは男女の立場が入れ替わります。お客さんである女性が望めば、性器の挿入ありの店舗は多かったようです。

今はというと、セラピストを何人も抱えるお店が増えています。管理売春で経営陣が逮捕されるリスクがあるので、多くの店舗が挿入行為を厳しく管理しています。挿入行為が発覚したセラピストはクビになる店舗もあります。

しかし、ラブホの密室で二人きりの世界、実際はどうなのかは当人たちにしか分かりません。以前、ある大型店舗のオーナーの耳に、１人のスタッフが挿入をしているという情報が入った際、スタッフ全員に「この中で挿入をしている奴がいる、後で私のところへ来なさい」と伝えたところ、出頭してきたのは１人ではなかったそうです。

私も昔はお客さんの要望にできるだけ応えていました。しかし、様々なトラブルを経験して、今はハンドマッサージの施術に切り替えました。

挿入のリスクは、性病だけではありません。女性は挿入を許すと、心が持っていかれてしまう人も少なくありません。心を持っていかれた女性が、歯止めが利かなくなる可能性も挿入は秘めています。稀にお客さんと、ベッドの上で「挿入してください」「できません」という押し問答になることがあります。だだをこねて粘ったり、機嫌が悪くなる女性を見ていると、男も女も変わらないと感じます。

お客さんへの事前アンケートの中で挿入の希望を聞いていた時期があるのですが、８割の女性が挿入を希望されていました。男性も女性も性は本能の領域になることを感じます。しかし、女性は男性よりも性のスイッチが入りにくい構造になっています。そして、ひとたび女性のスイッチが入ってしまうと、本能で挿入を求めてしまうこともあります。女性が男性よりも性欲のスイッチが入りにくいのは、自己防衛の意味もあると思います。事前アンケートに、私気持ちよくなってしまうと挿入をお願いしてしまうと思います。その時は断って下さいとお願いされたこともあります（事実、お願いされました）。

また、挿入に関して、女性の性のプロなのに下手すぎるというセラピストの話もしばしば聞きます。例えば、「挿入を体験してみませんか？　との申し出があり、プロのセックスに興味があったのでお願いしたところ、2分で瞬殺してしまい、笑いそうになりました」という情けない話や、「もっと気持ちよくしてあげると言うので挿入に合意したのに、私がイッてないのにセラピストさんがイッちゃったんです。自分だけ楽しんで酷い話だと思いませんか！」という不満なども聞きます。

「挿入してもらった時に『どう。気持ちいいでしょ？』と自信満々に聞かれて、思わず感じている演技をしてしまった自分が情けないやら残念やら。私、お金払って何やってるんだろ」と、風俗を利用してまで演技をした自分を悔いている女性もいます。

「挿入するから、色々なトラブルになるんだよ」という、この業界20年のベテランセラピストの一言が、私の心の深くに残っています。

裸を見ても全く興奮しなくなる

男性向け風俗は、お金を払って女性の身体を触らせてもらう風俗です。一方、女性向けは、女性がお金を払って触ってもらう風俗です。立ち位置が、男女の風俗で逆になります。

友人から「お金をもらって触らせてもらえるなんて、最高じゃん」と羨ましがられることが、しばしばあります。しかし、お金を払って触るのと、お金をいただいて触るのは次元が異なります。男性向け風俗は、女性の身体という商品が存在しています。一方、女性向け風俗では、男性の身体以上に女性を満足させることが商品になります。

私は、一番多い年で年間延べ２５５人の女性に施術した経験があります。毎日毎日、女性の裸を見ていると完全に見慣れてしまい、性的興奮を感じなくなってきます。胸を触っているのに、二の腕を触っているのと同じ感覚になっている自分がいます。

あるとき、家の押入れから、10年前にお気に入りだった成人雑誌が出てきたことがありました。私は、その雑誌を見て愕然としました。このヌード写真のどこに性的興奮を感じていたのか分からないのです。女性の裸を見すぎると、胸の大きい小さい、痩せているもしくはぽっちゃりなどの違いはあれど、皆同じに見えてきます。

また、何百人もの女性の身体を触っているうちに、その女性がどんな男性と性行為をしてきたか分かるようになりました。経験人数が豊富な女性の中には、男性本位の性行為ばかりを経験していて、人数は多いのだけど身体が開発されていない人も見受けられました。

反対に、経験人数は少ない女性でも、男性が尽くすタイプだと身体が開発されており感度が高いです。男性が自分の欲望を満たすために性行為をしているか、相手を思ってしているかで女性の身体の感度の成長度合いは異なります。

さらに、膣に指を入れると、直近の性交履歴が分かるようにもなりました。その話を女性にすると、「こわ!」とひかれます。

セラピストへのお金の渡し方

女性が性の対価としてセラピストにお金を渡す時の仕草は、一人一人異なります。

財布からお札をとり出して支払いをする女性が4割、残りの6割の女性は封筒に新札を入れて支払われます。封筒も落ち着いた雰囲気のものから、可愛らしい封筒、高級そうな封筒、カラフルな封筒と様々です。封筒からもその人らしさが垣間見えます。

施術前にお客さんから「私の身体をよろしくお願いします」との言葉と、封筒に入った新札を受け取ると、背筋が伸び「喜んでもらえるように頑張ろう」との気持ちが強くなります。また、施術後にお代と一緒に一筆箋に施術後の気持ちを書いて渡される人もいます。同じお金なのに、財布からむき出しでもらうよりも何倍も価値が上がる気がします。

女性は「完全犯罪者」

男性の浮気はすぐにバレますが、女性の浮気はバレにくいというのは定説です。妻の異変に夫は気づかないことが多いです。ただし、家の中にはその女性の異変に敏感に気づく要注意人物がいます。それは、同性である娘さんです。

風俗利用の日、小学生の娘に「お母さん、今日何かあるの？」と聞かれ「ドキッ」としたと、何人もの人が語っています。女性は小学生だろうと、女の鋭い勘と観察力を持っているようです。一方、夫は全く気づかない。髪の毛を切っても気づきません。

もう一つ、夫に内緒で女性向け風俗を利用するという「完全犯罪」を試みる女性にとって、夫や娘以上に厄介な天敵がいます。それは、パソコンやスマホなどの電子機器です。

私のところに、１年に１件くらい男性からの連絡が入ります。連絡の主は、お客さんの夫です。スマホの扱いに不慣れな女性が、何かの拍子にメールの履歴を夫に見られてしまい、利用がバレてしまうことがあります。そのため、用心深い女性は、私とのやり取りのメールをすぐに削除しています。また、夫とスマホのＧＰＳで居場所をお互い分かるようにしている方が、そのＧＰＳを切り忘れたりすることも……。

私の立場は風俗店であり、不倫相手ではないので訴訟には至りませんが、これがお店でなかったらと思うとゾッとします。また、使い捨てのメールアドレスではなく、フルネームの入ったメールアドレスでやり取りをしている女性もいます。「完全犯罪者」の女性でも個人情報の扱いは苦手な人が多いです。

３年続くセラピストはごくわずか

女性向け風俗の業界では、３年以内に廃業するセラピストが多いです。その理由は主に次のようなものです。

①　やってみて満足したから
②　お客さんとトラブルになってしまったから
③　会社にバレそうになったから
④　妻・彼女にバレてしまったから
⑤　性病に感染したから
⑥　お客さんが全然とれなかったから

ほとんどが副業セラピストなので、恐らく①の満足したという人が多いのではないでしょうか。女性の心と身体を扱うため、難易度の高いハイリスクな仕事だと感じます。
②のようにお客さんがストーカーになってしまった話もしばしば耳にします。
③に関しては、女性向け風俗の仕事だけをしている人は少ないです。
④の、既婚者のセラピストが妻にバレた話もよく聞きます。
⑤については、私も性病でお客さんに迷惑をかけた際に辞めるか続けるか悩みましたが、性交痛や感じないことで悩んでいる人たちに後押しされて再開した経緯があります。

始めてみたけれど、お客さんが一人もとれなかったという⑥にあたる話もよく聞きます。

第11章

日本の男女の性、未来予想

日本の性文化は、戦後、国家が主導してきた純潔教育の思想が色濃く残っていました。「女性は男性の三歩後ろを歩くもの、女性は控え目で男性を立てるべき」「女性が性の話をすることははしたない」という、昔の固定観念が日本の性の世界では常識化してきました。ですが２０１０年以降、女性の性欲ははしたないものという、日本の性文化が変化し始めています。

そこで、この最終章では、近い未来に起きるであろうことをまとめてみました。

膣ケアは女性の常識になっていく

先進国では常識となっている膣ケアが、日本ではなおざりにされてきました。下半身の毛の処理には意識を向けていても、多くの女性が膣を男性任せにしているのが現状です。そして、男性はＡＶで学んだガチャガチャとしたやり方で膣を触ってきました。女性の膣は乱暴に扱われ、その結果、性交痛で苦しんでいる女性も少なくありません（性行為で性交痛を招いている女性もいます）。

２０１０年頃から膣ケアに関する書籍が出版されるようになりました。しかし、２０１６

年までは、膣を扱った書籍は数冊しか存在していません。

それが、２０１７年に発売された『ちつのトリセツ』（原田純　径書房）が４カ月で４回増刷するヒットとなって以降、膣を扱った書籍がたくさん出版されるようになります。膣ケアの大切さを知り、セルフケアを行う女性が増え始めていったのです。また、女性が女性のために、膣ほぐし・膣ケア等のマッサージを行うサロンも出てきました。現在、当サロンでも女性スタッフが膣ケアを行っています。デリケートゾーンのムダ毛処理と同じく、同性の方が安心するという方もたくさんいらっしゃいます。

女性の膣への意識や知識が高まると、男性の膣の扱い方も女性は気になってくるはずです。例えば、ローションにはボディー用と膣用が存在していますが、ボディー用を膣に使うと水分が吸収され、カンジダという感染症の原因にもなってきます。施術中に、お客さんから「何のローション（ゼリー）を膣に使っていますか？」と聞かれることも増えました。女性は今までのように、ローションを使ってくれるならなんでもいいということにはならなくなってきます。

また、男性の触り方についても今までのようなガチャガチャしたやり方が当たり前と思っていた女性が、その触り方に嫌悪感を抱くようになってきました。女性の膣への意識が高まることで、男性にも膣の扱い方が求められる時代になっていきます。

　お客さんからしばしば、「前戯は短い方がいい」という声を聞きます。疑問に思い詳しく聞いてみると、痛いだけの触り方（前戯）なので早く終わりにしてもらいたいというものでした。痛いのに感じている演技をしていますと、その女性は話してくれました。

女性自身が情報発信の主体に

　インターネットの普及当初は、匿名掲示板などの限定的な世界で女性が性の話をしていました。その後mixiやTwitter等のＳＮＳが普及すると、女性たちがアカウントを持ちニックネームを使い、公に性についての思いを発信し、性に対しての意見が言えるようになりました。また、膣や性の専門職である看護師・助産師・風俗嬢や各種性に関わる女性たちもＳＮＳで情報発信を行うようになりました。

　女性たちは日々話しています。多くの男性の女性の身体の触り方がきつく、本当はこうしてもらいたい、と。今まで口をつぐんできた性の本音が男性に発信されるように変わり始めたのです。

セックスのテクニック本にしても、日本では男性が書いたものしかありませんでしたが、2010年以降、「女医が教える〇〇」といった、女性によって書かれたテクニック本も出てきています。このように様々な媒体で、女性が性について発信するようになりました。

性を外注する時代

結婚した夫婦の3組に1組が離婚をしている世の中、性的不調和が離婚の原因（女性の第8位、男性の第5位）というデータがあります（2017年度司法統計）。

また、コンドームメーカーとして有名な相模ゴム工業が実施したアンケートでは、「セックスレスだと思いますか？」との質問に対して「思う」「どちらかといえば思う」と答えた男性が58％、女性が50％にも上っています。女性向け風俗を利用する既婚者の多くも、夫とはセックスレスです。

女性の性を表した昔の格言で、「三十させごろ、四十しごろ、五十ゴザかき」というものがあります（ゴザかきとは、気持ちよすぎて思わずゴザをかきむしってしまうこと）。男性は年齢とともに性欲が落ちていきますが、女性は閉経までは年齢とともにホルモンの関係で性欲が上がっていき、身体も感じやすくなっている人が多いようです。

女性の性と毎日向き合っている者として、思うことがあります。性行為へ興味・関心が薄れていく男性と、興味・関心が高まる女性の溝が益々広がっています。セックスレスの夫婦は、ある意味、性の離婚・別居という状態なのではないでしょうか。

定期的に性行為をしているから、僕には関係ない話と思っている既婚男性の皆さん。本当にそうでしょうか？　自分本位の性行為になっていませんか？　夫との性行為は奉仕の時間、と語る女性は多いです。

草食化が加速する男性たち

女性の性欲と相反する男性の草食化が、女性が性を外注する要因の一つにもなっています。昭和の時代の娯楽は今ほどは多くなく、パソコンのない時代だったこともあり、性は男女の大事な娯楽になっていました。ですが今は、多種多様な娯楽が溢れています。性の世界もバーチャル化が進み、傷つきたくない男性は、より傷つかない方向へ向かっています。

現在、全年齢で男性の草食化が進んでおり、性そのものに関心を示さない20代男性も増えています。あるアンケートによると、自分を草食系と感じる男性は20代で58%と高い結果が出ており、30代でも34%。40代も34%の男性が草食系と答えています（LadyJaja リアルヴォイス　肉食系・草食系に関する意識調査より）。

22歳の男性がこのような発言をしていたのを聞いて驚きました。

「僕、セックス、ダメなんです。あのウェット感が気持ち悪いんです。舐めるとか、ありえないです」

また、別の25歳の男性は次のように語っていました。

「女って、所詮、肉のかたまりですよね」

正直、この一言には目が点になりました。彼はいわゆる素人童貞（性行為は風俗経験のみ）で、定期的に風俗に通っている人でした。

一般的に男性は、女性に勇気を出して声をかけ、ドキドキしながらデートに誘います。そして、数々のハードルを乗り越えて、性行為にたどり着きます。そうした苦労をせずお金を払っていとも簡単に性を手に入れてしまうと、女性を見下す男性も出てくるようです。

草食系男子は、女性に興味はあるが消極的で自分からアプローチするのが苦手な男子を表します。さらに進んで、女性に全く興味を示さない男子、絶食系男子も出現しています。インターネットの影響もあり、女性以外のことで興味・関心が忙しくて自由を束縛されたくないと、恋愛に興味を示さない男性が絶食系になっていくそうです。

働き盛りの30～40代男性は仕事にエネルギーを使い、低下した性欲で性行為＝疲れるという構図から草食化する人が少なくありません。

勃起障害（ＥＤ）とセックスレス

勃起障害（ＥＤ）であるために、性行為が疎遠になってしまっている男性も少なくありません。ＥＤとは「全く勃起しない」状態だけでなく、「たまに勃起しない」「十分に硬くならない」「勃起状態が持続しない」などの症状も指します。

ときどき性交ができないという悩みを抱えている人は、20～30代で14％、40代で17％、50代で33％、60～70代で50％というデータがあります（浜松町第一クリニック　２０００人調査より）。

ＥＤは男性の自信喪失にも繋がるため、性行為を避ける男性も少なくありません。ＥＤだから性行為はできないと考える男性は少なくないでしょう。

しかし、挿入だけが性行為ではありません。私の経験上、挿入よりも指の方が的確に膣内の感じるポイントに快感を与えることができます。

男性は手技のスキルを身に着けることで、心のゆとりが出てきます。たとえ中折れしても手技に切り替えて、パートナーをオーガズムに導くことができます。そのゆとりが、ＥＤの精神的緊張からの解放に繋がる人も存在します。

また、医師と相談のうえ、バイアグラ等の薬の使用を検討してみるのも一手です。そんな薬に頼りたくないと思われる男性もいるでしょうが、性生活を楽しまれている方の中に薬の愛用者は意外と少なくありません。

何度も講座に参加させてもらったＡ先生の言葉が強く心に残ります。

「セックスは女性のためにある」

男性には、女性の身体を満たす役目があります。しかし、パートナーである男性にその意識がなければ、そのパートナーから性生活を切り離す女性もいるでしょう。

性の主導権が入れ替わる

女性向け風俗を利用される既婚女性からよく「どうやったらセフレが作れますか?」と質問されます。セックスレス=女性の性欲がない、というわけではなく、性的に満たしてくれる人を探している女性もいます。

夫を人間的には最高のパートナーと語る、女性向け風俗ユーザーが言われていた言葉が忘れられません。

「夫にこうして欲しいと伝えてきました。でも、夫は理解してくれませんでした。もう夫に性的な意味で期待することは諦めました」

性に悩み、葛藤し、女性向け風俗を利用される女性は少なくありません。女性の性の最前線にいる者として、男性の性意識の変革が求められる時代に突入していることを強く訴えたいです。

当然、女性の性の受け皿は風俗だけではありません。むしろ、女性の性を理解している一般男性が受け皿になっていることの方が圧倒的に多いでしょう。性に関して、男性の勝ち組と負け組の格差が、負け組男性の知らないところで出てきています。ネットの普及で趣味嗜好が合う様々な異性と簡単に繋がれる時代になりました。1人のパートナーに子育て・生活・趣味・性生活等全てを委ねる時代ではなくなっていくと感じます。

今までは、セックスは男性主導の行為であり、女性はただ受け身の存在でした。しかし、これからは、女性が「こうして欲しい」とはっきりと意見が言えるように変わっていくと予想します。会話がキャッチボールであるように、性行為もお互いの気持ちや感覚のキャッチボールです。会話を楽しむのと同じように、パートナーとの身体のコミュニケーションを楽しむことができると、二人はもっとハッピーな関係になれるはずです。女性をイカせたら男性もイッていい。そんな常識に変わる日が来るかもしれません。

店舗数の地域間格差

昔の女性向け風俗は、整体師が裏メニュー的にひっそりと、女性に対して性的マッサージを行っているお店か、レズ風俗が中心でした。

私が風俗店を始めた頃と現在を比べると、女性向け風俗を取り巻く環境に変化が見られます。あの頃は情報がない時代で、申し込んで実際に利用してみないと、何が行われているのか分かりませんでした（今でも不透明ですが、当時はさらに不透明でした）。それもあってか、男性の性欲を満たすために作られたトラップ的なお店も普通に存在していました。女性向け風俗はまだ、海のものとも山のものともつかない存在だったのです。そのため、冒頭にお伝えした遺書を残してまで利用する女性もいたわけです。

　現在は、男性向け風俗店のオーナーが女性向け店舗を経営したり、女性オーナーが女性のための女性向け風俗店を作ったりと、関わる人間が多様化してきています。また、個人店ではなく多くのセラピストを抱える大型店が増えてきました。女性向け風俗ユーザーも増えユーザー同士の情報発信もされているので、昔よりも女性が利用しやすくなっていると感じます。

　ちなみに、風俗店の紹介サイトの中には、都道府県別に店舗が検索できる仕様のものもあり、そうしたサイト上では日本全国で店舗数が増えているように見えます。しかし実態は異なり、地方に事務所を置く店舗ではなく、地方へ出張に行く東京・大阪の店舗が増えたことが分かります。逆に地方のセラピストはお客さんが少ないために、東京・大阪に出張して施術を行っていると聞きました。

一方でお客さんの側を見てみると、地方の女性も東京で風俗を利用する人が多いです。地方では周りの目があり文化的にまだまだ、女性向け風俗の拡大は難しいようです。

カウンセラーの必要性

女性向け風俗を利用したことで、問題が発生する女性が存在します。それは男性に対しての免疫力が低い女性です。第6章で私に「沼って」しまった夢子さんとの苦い経験を書きましたが、身体を許すと心も引っ張られてしまう女性は多いのです。疑似恋愛の要素もある女性向け風俗の難しさが表れています。

気持ちが抑えられなくなってしまった女性向け風俗のユーザーさんからの相談も、しばしば私の元に舞い込みます。男性セラピストの営業トークや何気ない一言に一喜一憂している女性は多いですし、そうした女性心理を逆手にとってリピート客として取り込もうとしているセラピストもいます。「何年も何十年も女として優しく扱われてきた経験がない女性が、女として扱ってもらえるとそれだけで嬉しくなり、また会いたくなってしまう」と、あるお客さんが語っていました。

相手は仕事で自分に接してくれていると分かっていても、もう一人の自分が納得できずに葛藤してしまう方は多いです。今後、女性向け風俗ユーザーのためのカウンセラーも必要になってくると痛感します。

おわりに

私が本書を執筆しようと考えたのは、風俗セラピストを始めて3カ月くらいのときでした。「夫は最高のパートナー」と語る女性がなぜ、風俗を利用するのか？　なぜ、新婚の女性が風俗にやってくるのか？　なぜ、激痛に耐えながら感じている演技をしてしまうのか？　なぜ風俗を利用した女性から、「私を女に戻してくれてありがとう」と言われるのか？　毎日なぜ、なぜの連続でした。その理由が分かったとき、私は同じ男性としてこれを男性たちに伝えるべきなのでは？　と、使命にも似た何かを感じました。

私は膣の感覚を扱うことを得意とする技術系セラピストのため、本書は「女性が感じる」という視点を軸に書かれています。女性の心を扱うのが得意なセラピストが本を書くと、また違う内容での切り口となるかと思います。

私が女性の性に関わるきっかけとなった、２人の女性がいます。

一人は20代後半の時にお付き合いした彼女です。彼女は、「気持ちよくない」とはっきりと伝える女性でした。その彼女のおかげで、私が今までいかに自分本位の性行為をしていたのか思い知らされました。

もう一人は、性交痛が酷く、誰とも性行為ができなかった30歳の女性です。出会った当初、彼女はこのように心中を語っていました。

「私は、一生独身のままだと思う……」

試行錯誤の末、性行為ができるようになり、現在、彼女は3児の母になっています。その人を通して、性交痛はその女性の人生をも左右する問題であることを痛感しました。

女性を喜ばせるテクニックが分からない、と語る男性は多いです。しかし、あなたの目の前に最高の先生がいます。ぜひ貴方のパートナーに聞いて下さい、「どう触るともっと気持ちよいのか」を。恐らく、貴方は私よりも何倍も彼女を満足させることができます。なぜなら、女性の性は心と身体で感じるものですから。

また、聞いてみるときに、「もっと」の一言を入れておくと、女性も答えやすいと思います。気持ちよくなくても、気づかいから感じている演技をしている女性も少なくないです。

私は以前、勃起不全（ＥＤ）になってしまい悩んだ時期がありました。その時に気づいたのは、挿入できなくても手技を身に着けることで、彼女に喜んでもらえることができるということでした。

手技のスキルを持つことで、挿入ができなくても大丈夫という心の余裕ができ、ＥＤを克服できる可能性があります。ご興味がある方は、私のホームページ「女性の性活改善室」(https://chituiku.web.fc2.com/) に、私の使っている手技を記載していますのでチェックしてみてください。

風俗セラピストを始めて6年が経ち、５００人以上の女性とお会いしてきました。特に初期の頃は私が至らなかったために、ご迷惑をおかけした人もおられたと思います。この場を借りて、お詫び申し上げます。また、女性向け風俗を始めた当初、色々と相談に乗っていただいたMさんにはとても感謝しております。

私は現在、女性スタッフと性交痛改善・感じない身体等の膣の感覚改善・膣ほぐしマッサージに特化して活動をしています。疑似恋愛的な活動よりも、整体師としての改善施術の方が性にあっています。それまで痛みに耐えていたり、性行為ができなかった女性から「彼氏ができました」「結婚して、お母さんになれました」「彼とさらに仲良くなれました」と報告をもらうことが、何よりもの喜びとなっています。

また、男性が女性の性交痛を二人で試行錯誤しながら改善できるようにと、私の性交痛改善手技もホームページに掲載しております。みなさまのお役に立てましたら幸いです。これからも、男女がハッピーな性生活が送れるように陰ながら応援していきます。最後までおつきあいいただき、ありがとうございました。

最後に、私の想いを出版まで導いていただいた、ホワイトハンズ代表の坂爪慎吾さんと光文社新書の高橋恒星さんに心より感謝を申し上げます。

柾木　寛

柾木寛（まさきひろし）

女性向け風俗店を運営する40代の現役セラピスト。施術歴6年。たくさんの女性の身体と向き合う中で、性的に満たされている女性が極めて少ないことを知り、女性の性に対する男性の間違った理解・男女の性のすれ違いを改善するお役に立てたらと書籍を執筆。本書が初の著書となる。

「女性《じょせい》向《む》け風俗《ふうぞく》」の現場《げんば》　彼女《かのじょ》たちは何《なに》を求《もと》めているのか？

2021年5月30日初版1刷発行

著　者 —— 柾木寛
発行者 —— 田邉浩司
装　幀 —— アラン・チャン
印刷所 —— 堀内印刷
製本所 —— 国宝社
発行所 —— 株式会社光文社
東京都文京区音羽1-16-6（〒112-8011）
https://www.kobunsha.com/
電　話 —— 編集部03（5395）8289　書籍販売部03（5395）8116
業務部03（5395）8125
メール —— sinsyo@kobunsha.com

落丁本・乱丁本は業務部へご連絡くだされば、お取替えいたします。
 ISBN 978-4-334-04541-8

1101
Z世代
若者はなぜインスタ・ＴｉｋＴｏｋにハマるのか？
原田曜平

「Z世代」は「ゆとり世代」と何が違うのか？ 世代人口が少ないにもかかわらず、彼らの発信力・拡散力はなぜ巨大なのか？ 「スマホ第一世代」を若者研究の第一人者が徹底分析。

978-4-334-04507-4

1102
教養としての腕時計選び
篠田哲生

そこかしこで時刻を確認することができる時代、人は何のために腕時計を身につけるのか。成熟した大人の身だしなみ、あるいは「教養」としてとらえ直し、時計選びのセンスを高める。

978-4-334-04510-4

1103
知らないと恥をかく「性」の新常識
齋藤賢

#MeToo をはじめとした近年の様々なムーブメントの分析や、多彩なアクティビストへのインタビューなどを通じ、「性」をめぐるこの国の現在地を鮮やかに抉り出すルポ&批評。

978-4-334-04511-1

1104
警察官の出世と人事
古野まほろ

「階級」だけでは見えてこない、複雑な「警察官の出世と人事」の仕組みを、元警察官僚のミステリ作家が徹底解説。企業の人事担当者、出世が気になるビジネスパーソンも必読！

978-4-334-04512-8

1105
定年前、しなくていい5つのこと
「定年の常識」にダマされるな！
大江英樹

年金は破綻しない、地域デビューは危険、夫婦で旅行もいらない……人気経済コラムニストが「不安に駆られてしない方がいいこと」を、経験と豊富な取材に基づき、5つの分野で具体的に指南。

978-4-334-04513-5

1106

人類はふたたび月を目指す

春山純一

今、月を目指す国や民間企業が世界で続々と現れている。日本の月探査計画に携わり、「月の縦孔の発見」で世界的に知られる著者が、探査や発見をめぐるスリリングな舞台裏を綴る。

978-4-334-04514-2

1107

見るレッスン
映画史特別講義

蓮實重彦

サイレント、ドキュメンタリー、ヌーベル・バーグから現代まで１２０年を超える蓄積と向き合い、作品の最も優れた瞬間で刮目する方法を、シネフィル教授が初めて新書で指南。

978-4-334-04515-9

1108

コロナ対策 各国リーダーたちの通信簿

栗田路子　プラド夏樹
田口理穂　冨久岡ナヲ
片瀬ケイ
クローディアー真理
田中ティナ

世界が一様にパンデミックに包まれた中、各国首脳の言動には大きな違いが。そしてその違いはコロナ禍の行方も左右した。７人の海外在住ジャーナリストが綴るリーダーの素顔。

978-4-334-04516-6

1109

洋画家の美術史

ナカムラクニオ

あちこちの美術館や切手で見たことはあっても、実はよくは知らない「洋画」の世界。画家たちの波瀾万丈な一生を追いながら、作品と近代美術史の流れをわかりやすく解説する。

978-4-334-04517-3

1110

相続地獄
残った家族が困らない終活入門

森永卓郎

ある日突然ふりかかり、一歩間違えると泥沼にはまる相続問題。自身の経験をもとに、今日からできる森永流・生前整理術を伝授する新時代の「相続の教科書」。

978-4-334-04518-0

光文社新書

1111

がんを瞬時に破壊する 光免疫療法

身体にやさしい新治療が医療を変える

小林久隆

新しいがんの治療法が世界で注目を集めている。どのような治療法なのか？　身体への負担や副作用は？　転移・再発の可能性は？　アメリカ国立衛生研究所の日本人開発者が初めて綴る。

978-4-334-04519-7

1112

誤読のイタリア

ディエゴ・マルティーナ

イタリア文化を見つめる旅は、日本文化を再発見する旅だ。夏目漱石など日本文学を愛するイタリア人が、文化の「誤読」と「正読」についてユーモアを交えて綴った心温まるエッセイ。

978-4-334-04520-3

1113

平成・令和 学生たちの社会運動

SEALDs、民青、過激派、独自グループ

小林哲夫

２０１０年代、学生による社会運動はどのように繰り広げられたか？　かつての学生運動と何が違うのか？　ＳＥＡＬＤｓから過激派まで長期にわたる徹底取材による闘いの記録。

978-4-334-04521-0

1114

いつまでも親がいる

超長寿時代の新・親子論

島田裕巳

人生１００年時代を迎え、私たちは「いつまでも親がいる社会」を生きるようになった。そこで新たに生じる親子関係の課題とは？「永遠のテーマ」を捉え直す、著者初の親子論！

978-4-334-04522-7

1115

死ぬまで噛んで食べる

誤嚥性肺炎を防ぐ12の鉄則

五島朋幸

誤嚥性肺炎の原因は唾液だった！　大切なのは「歯と歯が噛み合うこと」。訪問歯科のカリスマが口腔ケアの正しい知識を解説。　口から食べることを諦めないことが、元気に繋がる！

978-4-334-04523-4

1116
日本のスポーツビジネスが世界に通用しない本当の理由
葦原一正

スポーツビジネスは特殊なビジネスではない。経営面でも海外で戦えるようになるために必要なものとは何か、スポーツに憑かれたB．LEAGUE創設の立役者が明かす熱きビジネス論。

978-4-334-04524-1

1117
大学教授、発達障害の子を育てる
岡嶋裕史

自閉スペクトラム症の息子と、自分もその傾向があった父親の日常生活奮闘記。職業柄、大量の文献を読み込み、医師、臨床心理士、役所、教師、そして世間とのズレに挑むが……。

978-4-334-04509-8

1118
渋沢栄一に学ぶ大転換期の乗り越え方
田口佳史

道徳なくして、ビジネスは成立しない。激変する時代を生きるビジネスパーソンのために、「渋沢栄一の生涯」と『論語と算盤』、そして『論語』をもとに「仕事の本質」を説く一冊。

978-4-334-04525-8

1119
資本主義から脱却せよ
貨幣を人びとの手に取り戻す

松尾匡
井上智洋
高橋真矢

「安心な生活」が失われているのはなぜか。それは〈経済の仕組み〉に問題があるからだ。経済学の論客二人と不安定ワーカーが、いま〝発明〟すべき「新しいストーリー」を提示する。

978-4-334-04526-5

1120
カラー版 王室外交物語
紀元前14世紀から現代まで

君塚直隆

時代遅れの遺物から、平和を支える存在に——現代に力を発揮する王室・皇室外交を、紀元前の中東から中世・近代の欧州、大戦前後の英王室へと辿り、日本の皇室のあり方も振り返る。

978-4-334-04527-2

1121
ルポ 婚難の時代
悩む親、母になりたい娘、夢見るシニア

筋野茜
尾原佐和子
井上詞子

住職がサポートする「寺コン」、親が相手を探す「代理婚活」、コロナ禍での「オンライン婚活」など、十人十色の婚活模様と日本人の結婚観を共同通信の女性記者三人が徹底取材！

978-4-334-04528-9

1122
未来は決まっており、自分の意志など存在しない。
心理学的決定論

妹尾武治

「我々の自由意志とは錯覚であり、幻想である」――心理学、生理学、脳科学、量子論、人工知能、仏教、哲学、アート、文学、サブカルを横断し、気鋭の研究者が世界の秘密に挑む。

978-4-334-04529-6

1123
ドレミファソラシは虹の七色？
知られざる「共感覚」の世界

伊藤浩介

「真っ赤な嘘」は、なぜ赤色？「いろいろ」は、なぜ「色々」？音や文字に色を感じる〝共感覚〟はなぜ生じるのか。気鋭の脳科学研究者による、ヒトの認知の不思議に迫るスリリングな一冊。

978-4-334-04530-2

1124
巨人軍解体新書

ゴジキ
(@godziki_55)

ファンもアンチも日本一多い球団、読売ジャイアンツの「勝利の哲学」とは。巨人軍の21世紀のスター選手たちを振り返りながら、パ・リーグへの対抗策を考える。

978-4-334-04531-9

1125
20世紀論争史
現代思想の源泉

高橋昌一郎

現代の思想を理解するためには、20世紀の偉大な知性が議論を重ねた諸問題を踏まえなくてはならない。「教授」と「助手」が時にユーモラスに対話しながら道案内を務める知の論争史。

978-4-334-04532-6

1126
運気を引き寄せるリーダー 七つの心得
危機を好機に変える力とは

田坂広志

「強運」のリーダーは、メンバーやチームにも「強運」を呼び込む。「運の強さ」は、誰でも意識的な努力で身につけることができる。先端科学に基づいた二一世紀の「新たな運気論」。

978-4-334-04533-3

1127
もしも、私が「がん」になったら。
81歳、現役医師の準備と決意

藤田紘一郎

81歳、免疫が専門の名物医師がとことん「がん」と向き合った。仕事は続ける？ 治療は受ける？ 改善すべき生活習慣は？ 発症しても慌てない、嘆かないためのがん入門書。

978-4-334-04534-0

1128
お笑い世代論
ドリフから霜降り明星まで

ラリー遠田

芸人の「第七世代」という言葉が一般にも広まるなか、それ以前の世代が誰なのか、どのような変遷を経て現在に至ったのかを改めて振り返る。「世代論」で読みとく戦後芸能史。

978-4-334-04535-7

1129
郵政腐敗 日本型組織の失敗学

藤田知也

郵便事業の創業から一五〇年を迎えた日本郵政グループ。従業員四〇万人を超える巨大組織の実態は、「腐敗の構造」と究極の「事なかれ主義」だ。朝日新聞のエース記者が徹底取材！

978-4-334-04536-4

1130
「倫理の問題」とは何か
メタ倫理学から考える

佐藤岳詩

それは良いことか、悪いことか。これは正義か、不正義か――。日常がゆらいだときに現れる倫理の問題に、私たちはどう向き合えばいいのか。世界の眺め方が変わるメタ倫理学入門書。

978-4-334-04538-8

光文社新書

1131 名画で読み解く プロイセン王家 12の物語

中野京子

フリードリヒ大王とビスマルクという傑物を擁し、世界最強国の一角に食い込んだプロイセン。ヨーロッパの原型を作った王家の217年間の人間ドラマを名画とともに繙く。

978-4-334-04539-5

1132 幽霊消防団員 日本のアンタッチャブル

高橋祐貴

活動をしていないのに自治体から一定の公金を受け取る「幽霊消防団員」。全国に広がる不正の実態がこれまで放置されてきたのはなぜか？ 若手新聞記者が日本のタブーを斬る！

978-4-334-04540-1

1133 「女性向け風俗」の現場 彼女たちは何を求めているのか？

柾木寛

昼の顔は営業マン、夜の顔はあらゆるお客様に分け隔てなく接するセラピスト。性だけの繋がりゆえに彼女たちが教えてくれた、この国のジェンダーとセックスの本音。

978-4-334-04541-8

1134 理系研究者の「実験メシ」 科学の力で解決！ 食にまつわる疑問

松尾佑一

太陽光でもお米は炊ける？ なぜ超音波をかけるとお酒は美味しくなる？ 食にまつわるふとした疑問。大学教員が自ら実験して確かめる！ 食欲と知識欲を刺激する異色の食エッセイ。

978-4-334-04542-5

1135 在宅医療の真実

小豆畑丈夫

在宅医療は「より良く生きるため」の手段／初めてでもうまくいく在宅医療の受け方／家族の負担をなるべく軽く――在宅医療に関わる救急医が、込み入った全体像を丁寧に整理・解説。

978-4-334-04543-2